华安证券投资者教育基地出品

"碳"秘
绿色金融

章宏韬 主编

西南财经大学出版社
Southwestern University of Finance & Economics Press

中国·成都

图书在版编目(CIP)数据

"碳"秘绿色金融/章宏韬主编.—成都:西南财经大学出版社,2024.3
ISBN 978-7-5504-6127-7

Ⅰ.①碳… Ⅱ.①章… Ⅲ.①金融业—绿色经济—青少年读物
Ⅳ.①F83-49

中国国家版本馆 CIP 数据核字(2024)第 047391 号

"碳"秘绿色金融

"TAN" MI LÜSE JINRONG

章宏韬　主编

策划编辑:何春梅
责任编辑:周晓琬
责任校对:肖　翀
装帧设计:星柏传媒
责任印制:朱曼丽

出版发行	西南财经大学出版社(四川省成都市光华村街55号)
网　　址	http://cbs.swufe.edu.cn
电子邮件	bookcj@swufe.edu.cn
邮政编码	610074
电　　话	028-87353785
印　　刷	四川新财印务有限公司
成品尺寸	170mm×240mm
印　　张	10.75
字　　数	118 千字
版　　次	2024 年 3 月第 1 版
印　　次	2024 年 3 月第 1 次印刷
书　　号	ISBN 978-7-5504-6127-7
定　　价	58.00 元

编委会

主 编

章宏韬

副主编

赵万利　陈　蓓　张保华　徐　峰
方立彬　汲　杨　储　军　薛舒予

编写组

钱家悦　陈欣妮　王京辉　李培媛　张心怡
王　利　吕思杰　郑舒琬　郑海燕

前　言

　　2020 年，中国承诺二氧化碳排放量"力争 2030 年前实现碳达峰，2060 年前实现碳中和"。2021 年，《联合国气候变化框架公约》第 26 次缔约方大会（COP26）召开，近 200 个国家签订《格拉斯哥气候公约》，为绿色地球描绘了最新的愿景。为了履行"双碳"承诺，我国积极付诸行动。而这其中，绿色金融是至关重要的抓手之一。

　　我国是全球首个建立系统性绿色金融政策框架的国家之一。2016 年，中国人民银行等七部委共同发布了《关于构建绿色金融体系的指导意见》，确立了中国绿色金融体系建设的顶层架构。2021 年，《中共中央 国务院关于完整准确全面贯彻新发展理念做好碳达峰碳中和工作的意见》中明确指出，要积极发展绿色金融，建立健全绿色金融标准体系等。"绿色金融"已经成为时代话题，也必将成为未来中国经济发展关注的以及每一位中国公民日常密切接触的重要话题。

　　党的二十大报告指出，推动经济社会发展绿色化、低碳化是实现高质量发展的关键环节。绿色低碳发展离不开绿色金融的支撑，需要金融机构形成强大的服务能力。中央金融工作会议提出，做好科技金融、绿色金融、普惠金融、养老金融、数字金融五篇大文章。作为国有金融企业，华安证券坚守履行社会责任的初心和使命，积极响应国家发展绿色金融的号召，深入践行可持续发展的 ESG 理念，坚持统筹国有金融企业的经济功能、政治功能和社会功能，努力实现商业金融、普惠金融和公益金融和谐共生。

目前以"绿色金融"为主题的知识科普读物大多面向成人，鲜有针对青少年的"绿色金融"读物。鉴于此，华安证券依托公司绿色金融实践的经验，推出《"碳"秘绿色金融》一书，向青少年普及绿色信贷、绿色债券、绿色保险、碳排放交易等绿色金融知识，让青少年了解绿色金融对于节能环保、清洁生产、清洁能源、生态环境、基础设施、绿色升级、绿色服务等绿色领域和行业的影响，帮助当代青少年更好地了解绿色发展对于未来的意义，用实际行动践行绿色发展理念。

编委会
2024 年 2 月

Contents

目录

3

点"碳"成金

金融市场中的投融资活动

4

低碳行业实践日志

金融机构的绿色金融活动

5

减排的无形之手

碳市场与碳金融

华小安

本书的主角，初中学生，对绿色金融、环境保护及未来科技充满好奇。他勤于思考、聪明好学，遇事较为冷静。

安心姐姐

华小安的姐姐，一位知性、理性并时刻关注绿色产业发展的证券从业者。她同时被国际绿色金融实验室聘为顾问，负责研究和推广促进可持续发展的金融产品。

卢教授

国际绿色金融实验室负责人，学识渊博，专注于绿色金融领域的研究，关注绿色经济。

C博士

国际绿色金融实验室首席研究员，主要负责环境保护以及相关领域的工作研究。

温恒

初中学生，动植物爱好者，曾参与拯救濒危物种活动，对植物的生长习性了如指掌。因优异的表现，获得了"绿色金融宣传大使"的候选资格。

小楠

初中学生，活泼大方的科普爱好者。小楠的爸爸是一名知名的科普自媒体博主。小楠经常陪爸爸一起拍摄科普视频。

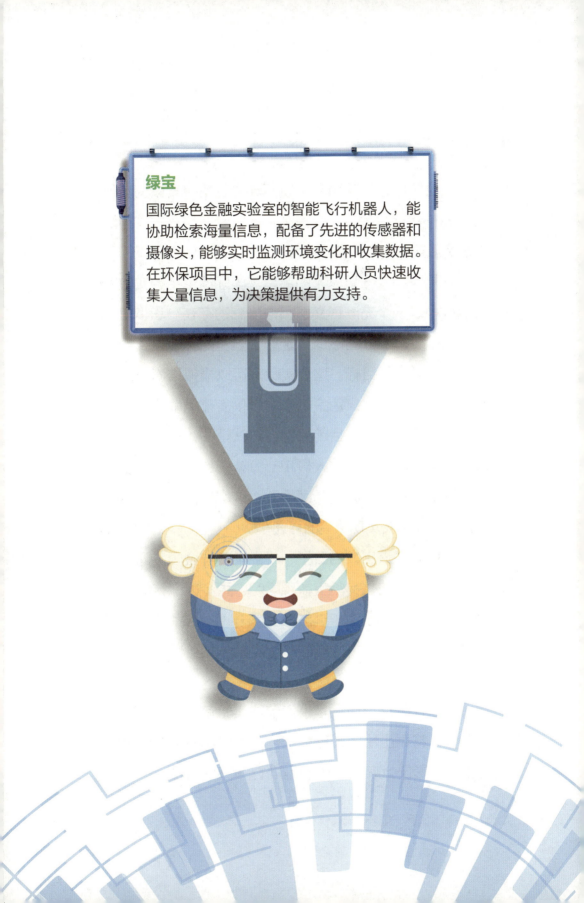

绿宝

国际绿色金融实验室的智能飞行机器人，能协助检索海量信息，配备了先进的传感器和摄像头，能够实时监测环境变化和收集数据。在环保项目中，它能够帮助科研人员快速收集大量信息，为决策提供有力支持。

在全国绿色环保科普大赛活动中，华小安以创新性的方式科普绿色金融，获得了全市的特等奖——"国际绿色金融实验室"的参观名额。

这是华小安一直以来的愿望。国际绿色金融实验室在他眼中是一个充满正义感和神秘感的存在。华小安曾在新闻中了解到，国际绿色金融实验室的存在主要是为了实现"双碳"目标。这个实验室可以模拟推演未来气候变化，并探索以绿色金融应对气候变化的解决方案。国际绿色金融实验室目前只对经过认证的人员开放，因此，除了实验室的工作人员和部分认证的成员，还没有人见过实验室的"庐山真面目"。这次环保大赛的特等奖便成了华小安实现愿望的直通车。

转眼到了该出发的日子，华小安将与全国不同地区的获奖者一同前往实验室参观学习。更令人期待的是，如果通过国际绿色金融实验室的考核，他们便可担任"绿色金融宣传大使"，并成为实验室的一员。因此，华小安很珍惜这次机会。

由于保密性原因，华小安前往实验室的方式也非常特殊，他将乘坐秘密大巴车前往，大巴车内设有全息投影仪，投影仪会滚动播放介绍实验室的基本情况……

绿水青山为何是金山银山

"双碳"大趋势下的机遇与挑战

江山"碳"锦图

　　沿着小路，穿过丛林，途经好几个不知名的巨型机械装置后，华小安一行人终于看到了国际绿色金融实验室的大门。只这一眼，华小安就呆住了——一个只存在于他想象中的科技堡垒伫立在眼前，实验室的外部被透明屏障保护着，散发着微弱的蓝光。

　　屏障里面，是一座充满科技感的异形建筑，建筑的顶部耸立着一排精巧的探测仪器，这些探测仪器闪耀着金属光泽，却并不显得突兀，而是巧妙地与实验室的整体设计融为一体。墙面上的玻璃幕墙透亮而光滑，有太阳的光芒，也有树木的翠绿，仿佛属于未来世界的一角，散发出一种人与自然共生的和谐美。

"嗨！欢迎同学们的到来！"

一声温和的轻唤，让华小安从震撼中回过神来。循着声音看过去，他这才发现自己身旁竟多了一位穿着制服的工作人员。此刻回想起自己刚才发呆的模样，他有些不好意思地挠了挠头，说道："这里真是太酷了，简直像做梦一样！"

"是啊。"工作人员笑着点了点头，"我们第一次来这里工作的时候，也是揉了好几遍眼睛才敢相信的呢。不过，我们接下来要去的实验室比这里还要壮观，你们可要做好准备哦！"

听到这话，几位同学激动地互相对视了几眼，华小安的眼中也迸发出兴奋的光芒，"那我们快点出发吧！"

　　工作人员靠近屏障的瞬间，它便"打开"了一个缺口，华小安一行跟随他走进了实验室。进入实验室后，首先映入眼帘的是一幅特别的、"活"着的"江山图"，仿佛一幅经过动态处理的自然山水画，细微的波动让它比静态的画卷多了几分鲜活。同学们不由自主地靠过去，仔细观察后才发现，这些波动都是一个个变动的数值。

　　"这些是不同地区的碳排放实时监测数据和预测趋势数据。"一名身穿白色实验服的年轻男子走过来说道。他的声音极具穿透力，看大家的眼神专注而柔和，一下就吸引了所有人的目光。

　　"欢迎来到国际绿色金融实验室！我是实验室的首席研究员 C 博士，主要负责环境保护以及相关领域的研究工作。我们的实验室会为实现碳达峰与碳中和提供各类数据与理论支持。如果各位同学在参观的过程中遇到了不懂的问题，可以随时来问我，我很愿意尽我所能为大家解答。"

　　看同学们听得认真，C 博士转身指向大屏幕，说："你们看，这块大屏幕上的数据非常重要。放大那些零星的小点后，我们可以看到该地区的实时碳排放量，并且可以通过绿色实验室创造的模型进行数据推演，预测该地区未来 1 年、5 年、10 年甚至更久以后的碳排放数据。"

随着 C 博士的介绍，同学们发现原本的"江山图"放大后竟是不同地区的卫星成像图，每个区域都变成了由浅到深的渐变色，颜色越深代表着污染程度越深。分秒间，他们就看到二氧化碳的宏观排放量在不断攀升。

"现在我想请问大家一个问题，如果我们排放出来的二氧化碳是一个能被看到的小灰球，你们觉得它会最常出现在哪些地方？"C 博士问道。

"空调、汽车！"

"烟囱！"

"工厂！"

……

听着同学们的回答，C 博士微笑着扶了扶眼镜，说道："大家说得都很好。"他指向大屏幕上的一处灰色区域继续说道："我们生活的每时每刻都在进行碳排放，如果我们真的能看到二氧化碳小灰球，那我们的世界几乎就是灰色的。"

"通电的电视、洗衣机、电灯，出行的汽车，通过陆运或者空运来的外地食物，甚至装满一杯饮料的杯子，一次外卖的包装都会带来碳排放。也就是说，我们的生活中，处处都漂浮着小灰球，积攒得多了，世界也将失去颜色。"C博士讲道。

华小安一边听，一边仔细观察大屏幕上细微的数据变动，心中不由得升起想要改变未来的冲动。

"同学们跟我来。"C博士触碰了一下大屏幕，经过人脸识别之后，原本完整的"江山图"，像画卷一样向两边卷起，显出了一扇简约大气的门。

C博士领着大家来到门的里面，微笑道："这里就是我们的二氧化碳排放监测中心，也是我们实验室的神经中枢，刚刚那些色彩各异的'江山图'上的数据就来源于此。"

进来后，同学们发现控制台上陈列着一排排显示屏，上面显示着各种数据和图像。实验室的工作人员正聚精会神地监视着屏幕上的变动情况，指尖飞快地操作着自己面前的控制台。

"刚才说到我们实验室现阶段的主要目标是实现碳中和与碳达峰，那么大家是否了解到底什么是碳达峰与碳中和呢？"

看到同学们面面相觑的样子，C博士接着说道："碳达峰与碳中和的核心离不开'碳'这个元素。大家应该都知道二氧化碳和温室效应吧？"

同学们纷纷点头，他们想起学校的老师说过，动物通过呼吸作用会呼出二氧化碳，植物通过光合作用能吸收二氧化碳，而动植物遗体经地质运动形成煤炭、石油等化石能源，这些化石能源被我们人类利用后，又会释放二氧化碳。适量的二氧化碳可以储存热量，使地球表面维持一定的温度，确保生命的存在，但随着我们人类社会的发展，以二氧化碳为代表的温室气体已经导致全球气候显著变暖。

"我知道，全球气候变暖可能导致很严重的问题：冰川融化、海洋扩张、高温和干旱、农作物减产……海平面上升也会导致沿海地区被淹没和海水倒灌，大量居民会因此流离失所。光是想想都觉得太可怕了。"一位同学说道。

"很棒，看来大家已经了解到二氧化碳过度排放会对我们的生态环境和生活环境带来危害。为了降低二氧化碳等温室气体的浓度，缓解温室效应，世界各国提出了碳达峰和碳中和的目标。"

C博士继续说道："碳达峰是指某一个时间点，碳的排放量达到峰值，不再增长，并在此之后逐步回落。而碳中和，是指人类活动排放的温室气体通过节能减排、植树造林等形式来减少和抵消，最终实现温室气体的净零排放，即碳排放量等于碳吸收量，两者达到平衡。"

说到这儿，C博士略微停顿了一下，音量也有所提高："但有一点大家需要注意。在碳达峰阶段，大家主要关注的是二氧化碳气体，而在碳中和阶段，关注的则是包括甲烷等所有会对环境造成有害影响的温室气体。"

"这意味着我们需要尽量减少碳排放，并通过各种手段来吸收多余的碳。如果将大气中的二氧化碳看作一个游泳池里的水，我们要做的就是减少那些多余的水。"

在C博士的引导下，同学们想象着自己此刻就在一个游泳池旁边。

"每一次的二氧化碳排放，都相当于有人往池子里注水。如果想让池子里的水量不变，甚至减少的话，我们要怎么办呢？"C博士问道。

"放掉多余的水！""减少注入的水！"同学们下意识地回答道。

"是的。"C博士轻轻点头，微笑着说，"所以我们既要想办法吸收掉多余的二氧化碳，也要减少二氧化碳的排放。努力实现'双碳'的目标，保护地球的生态环境。"

听完C博士的解释，华小安开始明白"碳达峰"和"碳中和"的含义。在他看来，碳排放和碳吸收就像一个天平的两端，只有两者保持平衡，才能实现可持续发展的未来。

"如果说2030年达到碳达峰是我们当前的首要目标，那未来30年实现碳中和将会是对我们的一个巨大考验。这需要各行各业共同努力，包括能源、交通、工业、农业等领域的转型。我想再考一考大家，有一样东西可以像一只无形的手，协助我们管理碳的排放和是吸收，这只'手'是什么呢？"C博士问道。

"管理碳的排放和吸收的无形的手？"现场的同学们你一言我一语地讨论着，都没有答案。

"C博士，您说的这只手是不是和'钱'相关呢？我听姐姐讲过，政府为了推进环境保护工作，会对一些绿色、清洁类的行业给予支持，这种支持就包括一些金融行业会在资金方面给予的优惠和支持。这样，部分企业就愿意主动地向环境保护的方向靠拢。"华小安回想起平时安心姐姐在家经常和他会聊起这个话题，便勇敢地表达了自己的观点。

"这位同学说得很好。金融部门把环境保护作为一项基本政策，便会在日常资金投向方面侧重考虑环保、节能、清洁能源、绿色交通等领域。我们把为这些绿色项目的投融资、项目运营、风险管理等所提供的金融服务叫作绿色金融。例如,一些银行贷款会针对支持节能减排的项目发放,一些企业为了获得贷款,就会有意识地节能减排,这样我们便通过金融的手段,间接减少了二氧化碳的排放。"C博士补充道。

"原来金融可以在保护环境中起到这么重要的作用,我以后也想成为这样的金融从业者。"华小安感叹道。

C博士微笑着鼓励道:"每个人都可以为保护地球的未来贡献一份力量。即使作为学生,也可以从身边的小事做起。例如,节约用水、减少废弃物、骑自行车或乘坐公共交通工具等。关注环境问题,并通过自己的行动影响他人,这样我们才能共同建设一个更美好的世界。"

随行工作人员也点头赞同:"是的,我们每个人小小的努力都是宝贵的。"

华小安思考着,心中涌动着对未来的期盼。或许他也可以通过学习积累知识,努力成为一名绿色金融领域的专家,为碳中和的目标贡献自己的力量。

就在这时,C博士指着实验室的会议室说:"今天很巧,来自各个国家的研究员刚好在那里和我们共同讨论推进环境保护工作的相关议题,你们想去听一听吗?"

"想!"同学们异口同声地回答。

C博士欣慰地笑了:"稍后,我也会为你们讲解更多关于'绿色'的知识，帮助你们更好地了解我们的实验室。"

同学们满怀期待地跟随 C 博士走向了会议室。对于他们来说，这将是一趟充满新奇的知识旅程。

安心姐姐科普时间

1. 中国的"双碳"目标

2020 年 9 月 22 日，习近平总书记在第 75 届联合国大会上宣布，中国二氧化碳排放力争于 2030 年前达到峰值，努力争取 2060 年前实现碳中和。

2. 什么是碳排放

我国在 2024 年 1 月 25 日公布的《碳排放权交易管理暂行条例》中对温室气体的定义包含 7 种气体，分别是：二氧化碳（CO_2）、甲烷（CH_4）、氧化亚氮（N_2O）、氢氟碳化物（HFCs）、全氟化碳（PFCs）、六氟化硫（SF_6）和三氟化氮（NF_3）。碳排放指的是在一些化石能源燃烧活动和工业生产过程等活动中，产生的温室气体排放。

3. 中国碳排放的主要来源是什么

根据清华大学国家金融研究院绿色金融研究中心整理的数据，中国温室气体排放主要来自电力、工业、交通、建筑、农业五大板块。其中，电力和工业的碳排放量占总排放量的 80% 以上。2021 年，电力行业碳排放量占比为 45.57%，工业碳排放占比为 38.60%。

绿色低碳未来峰会

华小安怀着无比激动的心情和同学们一起，跟随 C 博士的脚步来到会议室，期待着见证一场精彩的讨论。然而，到了之后，他们却发现只有几个人在场，会议室显得有些冷清。

C 博士一眼就看出了大家的疑惑，解释道："这次会议主要的议题讨论是在虚拟会议室中进行的，戴上这些专业装备后你们就明白了。"

华小安迫不及待地戴上了装备，发现眼前空荡的会议室原来早已"坐满"了人，他转头看了看小伙伴，发现每个人的脸上都洋溢着惊喜而兴奋的笑容。

华小安惊叹于科技的力量，他能够看到来自世界各地的研究员正在激烈地讨论，虚拟会议室的墙面上还有个超大的屏幕，所有的交流信息都有实时的翻译字幕呈现在屏幕上。

　　"太神奇了！"正当华小安心里连连发出赞叹时，一个沉稳的声音从会议桌的另一端传来。

　　"各位研究员，欢迎大家参与国际绿色金融实验室的会议讨论。我是国际绿色金融实验室的负责人卢教授，也是今天会议的主持者。"卢教授的声音庄重而自信，让人能感受到他的深厚学识。

　　华小安的目光不禁被卢教授吸引。这位年长的学者，穿着一身灰色的西装，戴着眼镜，双眼深邃，头发花白，浑身散发着智慧的光芒。卢教授微笑着，做了一个简单的自我介绍后，继续主持会议。

华小安看到卢教授把手放在控制台上，通过手势和触摸，操控着虚拟会议室中的一切设备。

接着，卢教授介绍本次会议的目的和议程。他说："今天，我们聚集在这里是为了讨论一个重要议题——实现'双碳'目标，我们能做些什么？'双碳'是指碳中和与碳达峰，这是国家为应对全球气候变化提出的两个重要目标，也是一场绿色低碳革命，是实现可持续发展目标的必经之路。希望通过这次讨论，我们能相互交流不同地区在绿色发展中的重要实践与成功经验，并一起展望未来。"

同学们紧盯着卢教授，聚精会神地听他接下来的发言："坚持低碳经济是实现'双碳'目标无法避免的议题。所谓低碳经济，想必各个国家的代表都知道，大家也都正在这条路上摸索着。碳排放的主要途径是燃烧化石燃料，比如煤炭、石油和天然气，释放出二氧化碳等温室气体，这会导致气候变暖和其他环境问题。低碳经济就是说我们在生产和生活过程中要尽量减少碳排放。因此，我们要采用更加环保和可持续的能源和技术，减少对化石燃料的依赖，从而降低碳排放量。例如，使用清洁能源如太阳能和风能来发电，减少使用高碳排放的燃料。同时，低碳经济也鼓励提高能源利用效率，减少能源的浪费。总的来说，低碳经济就是要减少对环境的负面影响，达到减少碳排放、保护环境和促进经济发展的目标。在目前的低碳发展过程中，我们都取得了一些成绩，对未来也有展望。下面，欢迎各位研究员交流分享。"

在卢教授的主持下，会议进入了讨论环节，来自世界各地的气候、环保、金融等领域的代表轮流发言，依次分享自己所在国家在低碳经济不同领域的历史进程和成果。

首先站起来分享的是 E 国的威廉，发言的男人绅士地鞠了一躬后说道："大家好，我是来自 E 国的威廉，主要从事减缓碳排放方面的研究。我们国家从 2013 年开始，随着相关技术的发展和可再生能源利用的持续增加，成功进入了减排期。希望到 2050 年，二氧化碳的排放量比 1990 年减少60%。E 国非常认同绿色发展的理念，目前已经成为世界上最大的离岸风力发电国家之一。希望未来能和在座的代表一同继续为绿色发展做出贡献，共享先进的技术资源。谢谢大家耐心聆听。"

紧接着，一个声音响起："大家好，我是来自 A 国能源领域的代表 Tom。A 国过去是碳排放大国，但是在过去几十年也经历了一系列的变革和发展，有着丰富的经验并取得了一些成绩。尽管政策在不同的政府间有些差异，但 A 国一直致力于减少温室气体排放和推动可持续发展。接下来的会议，希望能与各位代表共同讨论未来能源使用与可持续发展相关议题。"

接着，同学们听见卢教授用洪亮的声音说道："接下来有请来自 Z 国绿色产业发展领域的代表——张教授。"华小安顺着卢教授眼睛望去，看到他等待已久的代表站了起来。

"各位参会代表大家好！众所周知，Z 国作为发展中国家，在低碳转型方面发挥着重要作用。我所从事的领域近些年通过践行 Z 国政府可持续发展和低碳经济相关政策，也为推动绿色发展和减排工作贡献了一份力量。希望接下来的时间，能与各位代表深入讨论在未来绿色发展之路上，我们具体能做些什么。谢谢大家。"

接下来，其他国家的研究员陆续发言，分享了各自国家在低碳绿色领域所取得的进展和创新措施。他们谈论了可再生能源的利用、能源效率的提升、城市可持续发展等方面的实践经验，并强调了国际合作和知识共享的重要性。

会议室中的讨论逐渐变得热烈起来。然而，就在这个时候，来自某个国家的代表突然举手发言，引起了全场的注意。这位代表是一位身材高大的男士，他的表情显得有些严肃和担忧。

"我来自 X 国，主要从事基础设施建设领域工作。"这位代表说道。他的声音带着一丝犹豫和思索："尽管我认可其他国家在低碳和绿色方面取得的进展，但我仍然对'低碳'这个国际共识存在一些质疑。以我所在的领域为例，建设火力发电厂虽不利于环境保护，但就我国的经济状况而言，相较其他清洁能源发电厂所要投资的设备、技术，火力发电是成本较低的方式。尽管我们都希望实现碳中和以及可持续发展，但对我们来说这是否有些不现实？这些额外支出的费用能够被谁承担？"

这个问题让会议室中一时陷入了沉默的氛围。各国代表开始思考这个问题。同学们也陷入了思考。

只见卢教授走到讲台前，微笑着回应道："非常感谢您的提问，这是一个非常重要的问题。确实，不同国家面临着不同的发展需求和挑战。达成国际绿色发展共识不是一蹴而就的，需要在长期努力下逐步达成。"

　　"未来，国际绿色金融实验室将通过国际合作和资源共享来促进全球的低碳经济发展，确保可持续性。我们致力于促进合作与支持，搭建国际合作平台以帮助不同地区得到适当的技术支持和资金援助，以应对低碳转型所面临的挑战。"

　　会议室中响起了热烈的掌声，同学们也意识到全球低碳经济发展的重要性，以及各国间合作的必要性。

　　终于到了最后一个代表发言，此时的华小安却瞪大了眼睛，惊讶地看着正在发言的人。那个人竟然是安心姐姐！他不敢相信自己的眼睛。安心姐姐穿着一身职业装，显得飒爽又干练，自信地表达着："各位代表，大家好，我和大家一起探讨一下绿色金融领域的发展。作为专家顾问，我一直致力于研究和推广促进可持续发展的金融产品，通过金融工具的创新来支持环境友好型项目和企业发展，为实现低碳经济贡献力量。在过去的几年里，我们见证了全球绿色金融的快速发展，越来越多的投资者和金融机构将可持续性作为重要的考量因素……"

原来安心姐姐是作为绿色金融领域的代表发言，看来安心姐姐早就被国际绿色金融实验室聘为专家顾问，负责研究和推广促进可持续发展的金融产品。听着安心姐姐的发言，华小安心中顿时充满了自豪。他也深深意识到绿色金融领域将会是一个充满希望和机遇的领域。

然而，就在这时，会议室突然响起了警报声。同学们不知所措。虚拟设备中其他国家的研究员因会议中断纷纷离线，屏幕上出现了一行警示字样：紧急情况，系统出现异常，会议中断。

此时传来了卢教授的声音："大家冷静！立即检查系统，先确定发生了什么事情！"华小安努力地保持镇静并望向卢教授的方向。

各国在低碳经济方面的主要措施和政策：

1. 中国

（1）能源结构调整：中国政府着力优化能源结构，减少对煤炭等高碳能源的依赖，并大力发展清洁能源。中国已成为全球最大的风能和太阳能市场，积极推动水电、核能和生物能等可再生能源的利用。

（2）能源效率提升：中国政府积极推动能源效率的提升，通过制定能源强度减少目标和能效标准，鼓励企业和工业部门采取节能措施，提高资源利用效率。

（3）碳市场建设：中国政府在 2017 年启动了全国性的碳市场建设，通过碳排放权交易来引导企业减少碳排放。这项政策的实施有助于推动企业转向采用低碳技术和清洁能源。

（4）新能源汽车推广：中国政府大力推动新能源汽车的普及和发展。通过提供购车补贴、建设充电基础设施和制定排放标准等措施，中国已成为全球最大的新能源汽车市场。

2. 英国

（1）颁布《英国气候变化法案》：这是英国政府于 2008 年通过的一项里程碑式法案，将减排目标写入法律，要求英国将碳排放量在 1990 年的基础上减少 80% 以上，并在 2050 年前实现净零排放。

（2）碳定价机制：为鼓励企业减少碳排放，英国引入了碳定价机制，包括碳排放交易体系和碳排放税。这让排放碳成为一种有成本的行为，从而鼓励人们采取更环保的做法。通过这种方式，可以让企业和个人转而使用更清洁的能源和技术，从而减少对环境的损害。

（3）可再生能源发展：英国致力于推动可再生能源的发展。2002年，英国引入了可再生能源义务证书制度，要求能源供应商从可再生能源中获取一定比例的电力。此后，英国陆续实施了风能、太阳能、生物能等各类可再生能源项目，并建设了多个风电场和太阳能电站。

（4）绿色金融和投资：英国积极推动绿色金融的发展，鼓励资金流向低碳、可持续发展的领域。2019年，英国发布了绿色金融战略，目的是引导金融机构和投资者增加对绿色项目和低碳企业的投资。

3. 法国

（1）颁布《能源与气候法》：为落实《巴黎协定》中到2050年实现碳中和的目标要求，法国政府于2017年6月正式提出气候计划，启动了"国家低碳战略"和"能源计划"的修订工作，并制定了法国政府未来15年内实现能源结构多样化和温室气体减排目标的行动蓝图。为保障计划的顺利实施，提出了《能源与气候法》草案，并于2019年11月正式颁行。《能源与气候法》确定了法国国家气候政策的宗旨、框架和举措。

（2）设二氧化碳排放税：法国政府设立二氧化碳排放税，简称"碳税"。2009年9月，法国总统萨科齐宣布法国将从2010年1月1日起在国内征收碳税，征税标准初步定为每吨二氧化碳17欧元。

4. 德国

（1）修订《德国联邦气候保护法》：德国于2019年11月通过了《德国联邦气候保护法》，并于2021年进行了修订，根据修订后的气候目标，到2030年，德国应实现温室气体排放总量较1990年水平减少65%，需在2045年实现碳中和。

（2）发展可再生能源：2019年，德国风电已占可再生能源总发电量的50%以上。为了进一步推动能源转型，根据德国《海上风电法》的规定，到2030年，海上风电场的装机容量将提高到20吉瓦。到2030年，可再生能源将占总用电量的65%。2050年之前，所有发电和消费都将实现温室气体中和。

（3）化石燃料的二氧化碳定价：自2021年1月起，德国全面启动碳排放交易系统，从事取暖油、天然气、汽油或柴油交易的公司需要支付二氧化碳的费用。初始价格为每吨25欧元，到2025年将提高到每吨55欧元。政府将会把这部分收入重新投资于气候行动措施中，返还给公民，以抵消更高的碳成本。

初识"碳"秘计划

　　C博士站在实验室大厅的中央，轻声安抚说："同学们不要惊慌、不要担心，实验室刚刚遇到了一些特殊状况，我们正在努力解决，请大家稍事休息，在原地等候。"

　　然而，华小安的心情却难以平静，他茫然注视着实验室的研究员们解决问题的忙碌身影。紧张的氛围在空气中弥漫，华小安想知道刚才究竟发生了什么，就在他内心的焦虑情绪逐渐攀升时，警报解除了。卢教授走回会议室中，开始向同学们解释刚才发生的事情。

　　他看着每一位学生，平和而严肃地说："同学们，我知道刚才的警报让你们感到不安，警报响起是因为我们的实验室突然遭到了来自外部的攻击。"

"外部的攻击？"

"建立这座实验室的目的不仅仅是推演气候变化、研究科学问题……它还有一个更重要的使命。"卢教授的声音响彻整个会议室，吸引了所有人的注意，"我们建立这个实验室的目标，是实现经济发展与环境保护的良性循环，推动资源利用的高效性、减少环境污染，以及保护和修复生态系统，为各国推动环境保护和可持续发展贡献力量，建立一个可持续发展的未来。"

他进一步补充道："经济增长和环境保护之间并非对立关系，而是可以相互促进的。我们运用先进的技术和设备来模拟现实世界的气候变化，在这个过程中，我们还会模拟开展一些金融决策，例如，绿色信贷、绿色债券、绿色保险等，同时收集大量的数据，分析在绿色金融工具的影响下，环境会发生什么变化。这将会帮助我们更好地了解气候变化的趋势和影响，并制定更有针对性的环境变化应对策略与金融政策。"

"我们与其他研究机构和国际组织合作，让绿色金融能够成为解决全球性环境问题的重要手段，我们不断探索与创新，以建立经济繁荣与可持续发展相辅相成的世界。"

同学们聚精会神地听着，卢教授继续举例道："比如，企业通过发行绿色债券建立了风电站，通过虚拟实验室，我们可以预测未来 5 年风电站建设的效果。我们可以模拟气候变化、能源消耗和环境影响等各个因素，为相关决策提供科学依据。"

他的话引起了同学们的兴趣和思考。"在虚拟实验室内，我们能够比较同样的一笔资金，在投入风力发电与其他非清洁能源发电方式时的二氧化碳排放量的区别，进而可以推演出，未来5年风力发电相较于传统能源发电，能减少多少二氧化碳的排放。这将有助于我们全面了解这笔资金的用途对未来环境的影响。在现实世界中，是否可以投资风力发电相关产业？是否要投资扩建风力发电厂？有了实验室的数据后，这些问题将会有更直观的答案。"

有同学问道："那如果我们继续无节制地开采资源，会有什么情况发生？"卢教授回答道："正是因为有这样的问题，我们才需要这个实验室。通过虚拟实验，我们可以模拟资源开采的未来情景，虽然短时间内可能会获得一笔收益，但是长期开采所带来的包括环境破坏、资源枯竭等问题，又将付出更大的代价补救。这将帮助我们认识到无节制开采的后果。"同学们纷纷点头，逐渐理解了实验室的重要性和使命。他们明白了实验室的意义不仅是为了满足科学研究的好奇心，更是为了解决当前和未来面临的重大环境挑战。

"同学们，刚才实验室的警报，意味着我们面临的困难远比想象中的还要复杂。但我们不能退缩，必须坚持下去！"

卢教授的声音坚定有力，给在场的每个人注入了一股勇气和信心。

　　"实验室所面临的困境并非简单的技术难题，而是一场长期发展与短期利益的较量。部分高耗能企业、重污染资源开采商，只重视短期内眼前的收益，他们竭力阻挠实验室的建立和正常运转。这次的黑客攻击就是他们精心策划的行动之一，试图破坏实验室的模拟系统，导致实验室的数据出现异常，推演结果报错，虚假的山火等情景浮现在实验室的屏幕上。"

　　同学们面面相觑，深切感受到来自外界的威胁和挑战。

　　卢教授继续说道："实验室几乎每隔一段时间都会遭遇类似的袭击，每一次都给研究工作带来了极大的困扰和不确定性。但实验室的每位成员都不曾动摇自己的信念，他们明白自身所肩负的使命。"

卢教授的目光扫视过每一位同学，眼神中透出坚定的光芒："这些反对者越是阻碍，越能证明我们研究的价值。保护环境、推动绿色经济的发展，这是我们应肩负起的，对社会和未来世代的责任。"他的声音渐渐响亮起来，同学们感受到了他内心的热情和坚定。

　　接着，卢教授向同学们介绍了解决实验室危机的两种方式。一种是技术人员通过计算机技术，搜索黑客攻击的痕迹，追溯入侵路径，寻找被操纵的数据和系统漏洞，修复受损数据，确保实验室的数据和机密信息得到全面的保护。但这种方式的缺点是耗时较久。令人欣慰的是在全球专家组成员共同的努力下，他们发现了一种更快速修复漏洞的方法。

　　这种更快速的方法是实验室成员通过虚拟设备直接"进入"实验中的虚拟世界，以实际行动来解决问题。例如，在虚拟世界中，他们可以真实地看到燃烧的火焰，闻到烟雾的味道，成为一个个英勇的消防员，与火势搏斗，扑灭本不应存在的山火。通过这种虚拟实践，也可以同步修复受损数据。实验室的成员把这种方式叫作"碳"秘计划。

　　简单来说，目前可以通过计算机技术和"碳"秘计划这两种方式解决实验室危机。

　　华小安静静地聆听着卢教授的解释，脑海中浮现出种种问题和挑战，他意识到在保护绿色发展和确保实验室顺利运行的道路上会遇到许多困难和阻碍。作为一名中学生，他能够通过学习那些知识，为绿色金融实验室做些什么……

　　"大家也见识了这次危机，实验室在实现'双碳'目标的过程中，将不断遇到各种挑战，冷静处理与解决问题，也是实验室存在的使命之一。接下来，我将带大家继续参观。"C博士将大家带出会议室，走向实验室的下一个区域。

2

低碳守卫战

绿色金融政策与标准

一"碳"究竟

　　C博士带着华小安和同学们进入国际绿色金融实验室的关键区域。C博士骄傲地说："这是我们绿色金融实验室的核心——'碳'秘计划实验室。"

　　"大家左手边的这片区域是绿色投资模拟系统，用于模拟和评估各种绿色金融工具投资方案的效果。科学家和金融专家可以通过这个系统进行虚拟投资，了解不同投资组合对环境和社会的影响，并优化投资策略，以实现更可持续的回报。右手边是绿色项目评估区，在这里，我们会对绿色项目的各方面进行全面评估。比如，我们会对绿色项目的环境效益、社会效益、经济效益进行综合分析，以确保投资的有效性和可持续性。"

　　"位于同学们前面的是环保创新实验台，这是实验室最令人惊奇和着迷的地方之一。在这个实验台上，科学家们会进行很多绿色金融的创新实验，探索新的金融产品和工具，以支持更多环保项目和企业。"

　　一路上，他们还看到了可持续金融培训区和环保活动区。可持续金融培训区用于培训金融从业人员和决策者，提高他们对绿色金融的认识和理解，培训内容包含绿色金融的基本概念、原理和实践案例，鼓励更多机构和社会公众参与到绿色金融事业中来。环保活动区用于策划和组织环保活动，例如，绿色金融论坛、环保主题研讨会、社区环保宣传等，目的是提升公众对绿色金融的认知。

最后，参观的是绿色金融数据中心，用于收集、存储和分析与绿色金融相关的数据。常见数据包括可再生能源产量、能源效率、改进项目的数据、绿色债券发行情况等。研究人员会利用这些数据进行深入分析和研究，为绿色金融政策和战略的制定和实施提供可行性报告。

突然，一阵阵机械声响起，吸引了同学们的注意。众人转头望去，惊讶地发现几个飞行机器正在空中悠然飞行。它们造型独特，是覆盖着光滑的金属外壳的小圆球，飞行时如同一只只灵巧的小胖鸟，时不时地投影出一组组数据。

C博士微笑着说道："这是我们最新研发的飞行机器人，是国际绿色金融实验室的智能助手。我们给它们取名为'绿宝'，其配备了先进的传感器和摄像头，能够实时监测环境变化和收集数据。在环保项目中，它们能够帮助科研人员快速收集大量信息，为决策优化提供有力支持。而且，绿宝还搭载了一些环保小工具，比如可以喷洒植物保护液、清理垃圾等。"

华小安和同学们都被绿宝的可爱外形和强大功能所吸引。C博士拿出一个遥控器，轻轻按下一个按钮，绿宝瞬间停在了半空中。

华小安兴奋地问："绿宝的飞行距离有多远？它的能源是如何解决的呢？"C博士耐心地回答："绿宝拥有先进的动力系统，充电一次能飞行数小时。而且我们在实验室内设置了无线充电站，它可以在飞行的间隙实现自动充电，保证其持续运行。飞行范围可覆盖整个实验室和部分周边地区。"绿宝仿佛也听懂了华小安的问题，欢快地飞舞着，似乎在向他们展示它优雅的飞行技巧，也在表达对同学们来到国际绿色金融实验室的欢迎。

"大家再往前看。"C博士指着一面正在循环展示着实验室近年成功推动的绿色金融项目案例的巨大屏幕，"这是一家环保企业的融资项目，他们将这笔资金投入到可再生能源的研发和应用中，以减少碳排放。我们帮助其优化了资金链和风险管理，也算为环保事业贡献了力量。"

华小安和同学们继续参观国际金融实验室，他们进入中心区域时，发现了一幅神秘的区域云图。云图上布满了复杂的线条和符号，时不时地闪烁着红、橙、黄、绿、灰色的灯光，让人不禁联想到未来世界的科技奇观。

C博士向同学们介绍道："这张区域云图是我们国际绿色金融实验室的重要仪器。灯光颜色代表着绿色金融资金链的状态。红、橙、黄色的灯光闪烁表示出现了不同程度的问题，当灯光恢复为绿色则代表问题得到解决。一般来说，黄色、橙色警示灯亮起，遇到的问题比较简单，通常在一天以内甚至几分钟内就能解决，对整个实验室推演功能影响不大。当红色警示灯亮起时，代表遇到的问题要花费1~3天时间解决，如果3天之后还不能解决，就会升级至'灰色事件'，难度未知。"

华小安和同学们聚精会神地观察着云图的变化，不一会儿，发现云图上的灯光从绿色转为黄色，然后又迅速变成了橙色。大家好奇地询问："这是发生什么事情了？"C博士看到橙色警示，轻轻蹙眉，屏幕上展示出一串串复杂的代码，技术人员不停地敲击着键盘，寻找着漏洞。

此时安心姐姐接到通知后带领团队赶来，共同研究橙色事件产生的原因。

　　找到漏洞后，安心姐姐开始分析："这是一笔绿色债券出现了问题。这笔债券原本要用于新能源汽车的制造，结果因为外部黑客恶意篡改数据，实际资金流向了内燃机引擎制造。内燃机引擎的制造和使用通常伴随着排放大量温室气体，与绿色债券发行的初衷相违背，它将加剧环境污染，对气候变化产生负面影响。另外，资金如果未被用于制造新能源汽车会导致新能源汽车供应不足，那么未来10年内燃机引擎的销售可能会增加，这将延缓汽车行业向更可持续和更环保方向转型的步伐。这些影响会间接导致未来预期碳排放数据超出规定范围，使得实验室的推演结果受影响。"

大家顿时着急起来："后果居然这么严重！Ｃ博士，安心姐姐，咱们快想想办法吧！"

安心姐姐温柔地对大家说："不用担心，我们会及时应对。"不一会儿，橙色灯光变绿，警报解除了。

大家看到警报解除后，悬着的心都落了下来，又叽叽喳喳地讨论了起来。华小安好奇地问："安心姐姐，刚才听你讲绿色债券的资金用途，我还是有点不太明白。绿色金融和传统金融到底有什么区别呢？"

安心姐姐笑着夸奖大家有求知精神，并认真回答了华小安的问题："我跟大家简单讲一讲，绿色金融和传统金融在目标、投资范围和资金导向等方面存在明显区别。从目标上来说，传统金融的主要目标是追求经济回报和利润最大化，而绿色金融的主要目标是推动可持续发展和环境保护。从投资范围来说，传统金融的投资范围很广泛，包括能源、矿产、房地产等；而绿色金融的投资范围专注于可持续发展和环保领域，如再生能源、清洁技术、能源效率提高、环保基础设施建设等。这些项目有助于降低碳排放和减少碳排放对环境的影响。从资金导向说，绿色金融强调社会责任和环保价值观，它旨在通过资金和资源的有效配置来推动人类社会可持续发展，改善社会福利。"

大家纷纷点头。华小安思索片刻，说道："所以，绿色金融是一种以可持续发展和环保为主的金融体系，具有明确的节能环保和应对气候变化的导向。""完全正确！"安心姐姐兴奋地为华小安鼓掌。

一位同学马上举手问道："安心姐姐，我还是有点儿不太明白，绿色金融到底是怎么影响环境的呢？"安心姐姐笑了笑，说道："这个问题问得很好！绿色金融可以通过很多途径影响环境，从而实现对气候变化和环境保护的积极影响。比如，投资环境友好型项目。绿色金融将资金投向低碳和环保项目，如可再生能源发展、能源效率提高、清洁交通、生态保护等。这些项目在实施过程中直接减少了温室气体的排放、降低了对自然资源的依赖程度，从而减轻了环境的负担。再比如，促进清洁技术创新。绿色金融的资金支持促进了清洁技术的研发和应用，这些技术包括碳捕获与封存、新型电池技术、可持续农业等，它们的应用有助于减少污染、提高资源利用效率，改善环境质量。又或者，带动企业和行业转型。绿色金融支持、鼓励企业和行业向环保和低碳方向转型，企业能在融资、投资和运营过程中更多地考虑环境影响，采取更环保的生产方式，从而减少对环境的负面影响。"

在大家听得津津有味的时候，一位工作人员神色慌张地跑来，向C博士汇报，再过10小时，有一个红色事件即将升级为灰色事件，需要马上解决。

"什么？我先去向卢教授汇报，C博士，这里就麻烦你了。"安心姐姐意识到该红色事件的紧迫性，先行离开。

实验室工作人员听到消息后纷纷停下手中工作，看向C博士。

C博士看着大家，缓缓说道："孩子们，看来参观需要暂停一下了。"

安心姐姐科普时间

绿色金融最重要的三大功能，分别是支持绿色发展的资源配置、风险管理和市场定价。

1.支持绿色发展的资源配置，是指通过货币政策、信贷政策、监管政策等，引导和撬动金融资源向低碳和绿色项目倾斜。传统金融体系中，可能存在对高碳排放产业的过度投资，而绿色金融的出现可以平衡资金流向，促使环保领域得到更多关注和支持。

2. 风险管理，就是说绿色金融能够提高抵御金融体系管理环节中与气候变化相关风险的能力。因为绿色金融关注环境、社会和治理等因素，所以绿色金融能够考虑到环境风险和社会风险，从而帮助投资者避免投资那些可能导致环境损害或社会不稳定的项目。

3.市场定价，就是说绿色金融可以推动建设全国碳排放权交易市场，发展碳期货等衍生产品，通过交易为碳排放合理定价。

低碳警报

实验室的气氛瞬间紧张起来，大家都不由自主地屏住了呼吸。因为红色事件一旦升级为灰色事件，就意味着大家的努力都将付诸东流，推演数据会受到不可逆的影响。

紧接着，他们就听到 C 博士郑重宣布："从现在起，实验室进入紧急状态，我们必须和时间赛跑，阻止事件升级！"

技术组和"碳"秘计划的成员迅速展开分工，对各项数据进行逐一排查，但奇怪的是，这次的漏洞就像凭空消失了一样，怎么找都找不到。眼看时间一分一秒地过去，C 博士的眉头也越皱越紧，所有人心中都升起了一团疑云。

忽然，他像是想起了什么，一边飞快操作，一边补充道："不对，一定有什么地方是我们忽略了的。"

就在大家一筹莫展之际，一位工作人员试探着说："有没有一种可能，是他们识别出我们的修复系统，并把需要修复的地方'藏'了起来呢？"

"对啊！"他身旁的同伴也恍然大悟，"都是我们的老对手了，实验室人员的虚拟身份在尝试修复的过程中很容易被识别出来并被屏蔽，这就相当于直接建立了一个屏障，将我们拒之门外。"

"不过，这也只是暂时蒙住我们的眼睛。"技术组组长沉声道，"只要有一位新工作人员加入我们，利用对方不熟悉的 ID 账号进入，就有可能避开他们的识别，修复漏洞。"

"可咱们实验室的成员都是经过层层筛选而来的，这么短的时间里，我们根本来不及寻找合适的人选。"

"也不一定是新成员，只要是第一次进入虚拟实验室，没有他们可利用分析的历史数据，并且能顺利完成任务的人就行。"

听到这里，华小安猛地抬起了头。

"C 博士，"华小安坚定地向前迈了一步，说道，"请让我试一试吧，我想和你们一起应对这次危机。"

华小安的眼神中透露出迫切的渴望。他知道自己只是一个中学生，没有一点专业技术背景，但他相信自己可以为解决危机做出贡献。

C博士注视着华小安，心中既欣慰又感动，现在面临的任务很紧急，多耽误一秒，后果将难以估量，但此时让一位中学生参与，还是太冒险了。

C博士沉默片刻，最终还是决定拒绝华小安："华小安，我能理解你的决心，但这个任务并不简单，它需要有一定专业能力和经验，我们不能轻率地做决定。"

这个回答对于华小安来说并不意外，他甚至早就组织好了语言，条理清晰地分析了自己的优劣势："C博士，我虽然没有专业的技术背景，但我通过课内外的学习，对计算机和虚拟技术有一定的了解，也在学校的科技竞赛中获得过奖项。此外，我还跟着安心姐姐学习，掌握了很多金融常识。除了这些，最重要的是我相信自己可以冷静应对一些突发状况，不辜负大家的期待。"

看着华小安真诚和期待的眼神，C博士有些动摇，当下是需要人解决问题的关键时刻，一旦耽搁，造成的损失可能将不可挽回。思考片刻后，C博士决定向卢教授提出申请。于是，他转身走向卢教授的办公室。

卢教授正在和安心姐姐讨论，见到C博士来找他，立刻放下笔，抬头询问道："是有什么进展了吗？"

C博士沉声说道："关于这个即将升级的红色事件，我们排查漏洞的时候，遇到了一个棘手的问题，需要有一名身份全新的成员加入才能解决。华小安提出加入，帮我们解决这场危机，但他只是个中学生，我有些犹豫。"

"华小安？"卢教授皱眉思索了一下，转头看向安心姐姐，"我记得他是你弟弟吧？"

安心姐姐连忙答道："是的，他虽然才上中学，但是个很有责任心的孩子，一直都对环保事业充满了热情。家里关于绿色金融的书籍和资料，他也看过不少。"

"嗯，学校举办科技竞赛的时候，我见过他，确实表现不俗，是个很有潜力的孩子。这次情况紧急，可以让他来试一试。"卢教授想了想，最后做出了决定。

"好的。"C博士边说边点了点头。

"但他必须听从技术组的指挥，绝对不可以冒险行动。"卢教授补充道。

"您放心！"说完，C博士就转身离开。

回到实验室，C博士找到华小安，并郑重地对他说："华小安同学，我们决定给你一个机会，让你参与到此次的行动中，但你必须保证，要全程听从指挥。你能做到吗？"

"能！"华小安的声音十分洪亮，难掩内心的兴奋，"C博士，我会全力配合技术组的工作！"

随后，两人一同进入技术组的工作区。华小安有些紧张又有些兴奋地环顾四周，这里的一切对他来说，都显得陌生而又神秘。

C博士从旁边的保险柜里拿出了一套特制的穿戴装备和一副灰色的虚拟眼镜。它们看上去有些笨重，好像没有什么特别之处。然而，当华小安在C博士的指导下穿戴好后才发现，它们并不像自己想象中那样笨重。尤其是虚拟眼镜，几乎完美地贴合了他的头部，轻盈舒适得就像什么也没戴一样，毫无负担。

穿戴完毕后，一扇隐蔽的机械门开启，华小安这才看到，里面是一个单独的工作舱，四周都是各种数据监测仪器，空间虽小，但丝毫不显局促。最引人注目的，还是中间那台像按摩沙发一样的机械椅。虽然还不知道它的具体功能，但华小安能感受到，它似乎能与身上的这套特制装备产生紧密连接。

在C博士的示意下，他坐了上去。坐下的一瞬间，华小安眼前的光束开始飞快穿梭，仿佛穿越了时空。重新睁开双眼时，他已然来到了一个完全空白的空间。

茫然之际，一个神秘的声音在工作舱中响起，宛如来自未来："欢迎你，国际绿色金融实验室的第1001位工作者，在正式进入实验室前，你需要完成新人认证并签署相关协议，如准备好，请轻点虚拟眼镜上的绿色按钮。"

虚拟眼镜上的绿色按钮闪烁着光芒，只有华小安自己知道，此刻他的心跳得有多么快。深吸一口气后，他伸出手指，小心翼翼地凑近按钮。当他轻轻触碰按钮时，眼前出现了一份虚拟协议。他仔细阅读着，里面有进入实验室需要遵守的准则：

【准则1】只做任务权限内的事。

【准则2】不主观修改实验室环境。

【准则3】保护个人信息和实验数据的安全。

【准则4】遵守实验室内的纪律和指令。

【准则5】在危急情况下立即退出实验室。

【准则6】对实验室设备和资源进行妥善保管。

华小安认真地阅读准则，并完成了认证和协议签署。与此同时，一个温和的声音传来："华小安，恭喜你完成认证，接下来请尽快前往'碳'秘计划准入空间学习并参与考核。"

言语间，眼前的景象随之变化，华小安来到了一个宏伟的现代建筑内，这就是"碳"秘计划准入空间。大厅里明亮而温暖，高大的墙壁上记录着各国绿色金融的发展历程。

首先，他进入了"国际绿色金融发展"展厅。展厅内全部采用互动式设计，华小安发现自己可以"走进"展厅中的各个历史场景。这种体验让他兴奋不已。

"现在，请选择一位你喜欢的 AI 讲解员。"提示的声音再次响起。华小安的眼前出现了一排不同性别、不同年龄、不同形象的 AI 讲解员。有慈祥和蔼的老爷爷，有成熟睿智的科学家，也有知心大姐姐。但他来回看了好几遍，最终还是将目光停在了排在所有讲解员后面的灰色问号上。

选问号会发生什么呢？他实在有些好奇，于是心神一动，选择了这个问号。只见问号一下子变成了一个圆溜溜的、像鸡蛋一样的东西。这个"鸡蛋"跳到了他面前，兴奋地转着圈说："终于有人选中我啦！看来你是一个很有好奇心的学员。"

华小安看到圆溜溜的讲解员，感到有些眼熟："你怎么和绿宝长得有些像？"

"嘻嘻，被你发现啦！我就是以绿宝为参考形象制作的AI互动讲解员，你可以在这里和我互动，初步熟悉我的功能，相信在不久的将来你一定会用到。"

走进"国内绿色金融发展"展厅内，AI讲解员讲解了国际绿色金融的发展历史和国内绿色金融的多样性与具体实践，深入解读了政府政策、金融机构的创新产品，以及各行各业对绿色发展的积极参与。华小安被这些信息深深吸引，他意识到绿色金融不仅是一种理念，更是实实在在地融入了现实社会之中。

据介绍，金融机构开始高度关注潜在环境污染所带来的信贷风险可能要追溯到1980年的"超级基金法案"①。8年后，德国在法兰克福成立了世界上第一家以保护生态为目的的生态银行。

至于中国，早在1995年，中国人民银行和国家环保总局分别发布了《中国人民银行关于贯彻信贷政策与加强环境保护工作有关问题的通知》和《国家环境保护总局关于运用信贷政策促进环境保护工作的通知》，开启了国内的绿色金融探索之路。

①美国政府1980年颁布了《综合环境污染响应、赔偿和责任认定法案》（简称CERCLA），还建立了"超级基金（Superfund）"来管理清理或缴纳清理污染土壤的费用，并且将资金用于一些暂时无法进行追偿的污染土壤的清理工作。该法案也常被称为"超级基金法案"。

2008年，在《节能减排授信工作指导意见》的引导下，兴业银行成为中国首家采纳"赤道原则"②的金融机构，采用世界银行环境保护标准与国际金融公司的社会责任方针，评估和管理项目中的环境与社会风险。

2012年2月，中国印发了绿色信贷体系的纲领性文件——《绿色信贷指引》。4年后，中国担任G20轮值主席国，首次将绿色发展理念融入G20主题。

2017年12月，中国人民银行与世界7家央行和监管机构共同搭建绿色金融网络（NGFS），重点关注气候变化对宏观金融稳定、微观审慎监管的影响，加强金融体系风险管理，动员资本进行绿色低碳投资。

2019年10月，欧盟与包括中国在内的7国共同发起建立可持续金融国际平台（IPSF），进一步深化国际合作，推动了绿色金融标准的国际趋同，更动员了私人部门参与环境可持续投资。

2020年9月22日，中国国家主席习近平在第七十五届联合国大会一般性辩论上指出，中国将提高国家自主贡献力

②赤道原则（Equator Principles，缩写为EPs），是一个财务金融术语，也是一套非强制的准则，用以决定、衡量以及管理社会及环境风险，以进行专案融资（Project finance）或信用紧缩的管理。最初由花旗集团、荷兰银行等多家私人银行制定，后随着采纳该原则的金融机构日益增多，形成了一个实务上（de facto）的准则，协助银行及投资者了解应该如何加入世界上主要的发展计划并对它们进行投资。

度，采取更加有力的政策和措施，二氧化碳排放力争于 2030 年前达到峰值，努力争取 2060 年前实现碳中和。"

中国国家主席习近平在联合国及有关国家倡议举办的气候雄心峰会上进一步宣布："到 2030 年，中国单位国内生产总值二氧化碳排放将比 2005 年下降 65% 以上，非化石能源占一次性能源消费比重将达到 25% 左右，森林蓄积量将比 2005 年增加 60 亿立方米，风电、太阳能发电总装机容量将达到 12 亿千瓦以上。"

中国人民银行创设推出了碳减排支持工具这一结构性货币政策工具，各大金融机构也在自主决策、自担风险的前提下，向碳减排重点领域的各类企业一视同仁地提供碳减排贷款，成为我国环保事业发展的坚强后盾。

听到这里，华小安深感自豪，因为中国绿色金融发展的每一步，都彰显了中国作为一个大国的责任感和使命感。

参观学习结束后，华小安的眼前出现了一个问答小测试，考查他在准入空间中学到的知识。华小安看着眼前的题目，自信满满地准备做出回答。

　　请读者与华小安共同完成以下题目，一同开启"碳"秘计划实验室之旅吧！

1. 金融机构开始高度关注潜在环境污染所带来的信贷风险可能要追溯到哪一年？
A.1978 年　B.1980 年　C.1982 年　D.1985 年

2. 第一家生态银行是在哪个国家成立的？
A. 美国　　B. 英国　　C. 法国　　D. 德国

3. 我国首家采纳"赤道原则"的金融机构是？
A. 中国人民银行　B. 兴业银行
C. 中国工商银行　D. 中国银行

4. 我国《关于贯彻信贷政策与环保工作通知》是哪一年发布的？
A.1993 年　　B.1994 年　　C.1995 年　　D.1996 年

5. 首次将绿色发展理念融入 G20 主题的是哪个国家？
A. 中国　　B. 德国　　C. 英国　　D. 法国

6.IPSF 是什么?

A. 绿色金融网络　　　　　B. 金融监管机构

C. 可持续金融国际平台　　D. 国际金融公司

7. 中国哪家银行与世界七家央行和监管机构共同发起绿色金融网络 (NGFS)?

A. 中国银行　　　　　　　B. 中国人民银行

C. 中国工商银行　　　　　D. 中国建设银行

8.我国绿色信贷体系的纲领性文件是哪一个?

A.《关于运用绿色信贷促进环保工作的通知》

B.《节能减排授信工作指导意见》

C.《绿色信贷指引》

D.《绿色金融理念》

9. 中国国家主席习近平在第七十五届联合国大会一般性辩论上指出,中国将争取在哪一年之前实现碳中和?

A.2035 年　　B.2030 年　　　C.2050 年　　　D.2060 年

10. 到 2030 年,中国单位国内生产总值二氧化碳排放将比 2005 年下降多少?

A.65% 以上　　B.55% 以上　　　C.50% 以上　　D.45% 以上

　　华小安顺利通过了考核,离红色事件升级的时间也越来越近……

"绿色"指挥官

当华小安答完题目后，他正式踏入虚拟实验室，眼前的景象让他惊呆了。站在大厅中央，目光所及之处，各个管道穿梭交错，构成了一个庞大而复杂的整体资金管道搭建场景。

震惊之余，华小安不小心碰触到了眼镜上的红色按钮，所有管道瞬间消失。就在他不知所措时，一位工作人员走了过来，示意华小安双击眼镜上的绿色按钮，管道重新显现在他的眼前。

华小安不禁好奇地询问："您好，请问这些管道是什么呀？"工作人员微笑着解释道："华小安，你好，欢迎你的到来。这些管道是我们绿色金融虚拟实验室的资金流动通道。"

"资金通道？那是什么？"华小安听得一头雾水。

"你可以把它们想象成电线，能将电能传输。它们承载着投资者的资金，将投资的力量汇聚在一起，然后有序地引导资金流向不同的环保项目或绿色发展领域。"

华小安了解到这个资金管道在实验室中扮演着举足轻重的角色。工作人员继续解释道："通过这个资金管道，人们可以将资金从一个地方转移到另一个地方，实现投资目的。每一条管道代表着不同的投资方向和项目要求。我们将资金的流向设计得更加显性化，这样可以直观地了解资金去向，保障投资的透明度和可追溯性。"

"而且，这个管道系统还为我们提供了监控和追溯的便利。"工作人员指着管道说道，"每一笔资金都会被记录下来，这样我们就能够对项目的资金使用情况进行监测和审计。这有助于确保资金的合理利用，预防潜在的风险。同时，也可以评估资金投入后对项目结果的影响，使得投资决策更加科学和明智。"

华小安不禁赞叹道："这个资金管道系统真是太厉害了！它不仅为绿色金融项目提供了有效的管理和监控，未来，还能为参与其中的投资者提供便捷，让他们感到安心。"

工作人员提醒华小安："我们需要尽快前往'碳'秘计划的 F 区域，寻找这次危机的突破口。"

　　在前往 F 区的路上，华小安看到各行各业的工作人员穿着颜色各异的制服，在自己的岗位上忙碌着。这时，一群穿着蓝色制服的管道修理工引起了华小安的注意。他们带着专业工具，攀爬在不同管道上，专注地做着管道修复工作。

　　工作人员解释道："这些是我们的管道修理工，他们是资金流动通道的守护者。一旦发现有管道出现损坏，导致资金流向出现问题，他们会立即采取行动。在虚拟实验室的'碳'秘计划中，他们专注于进行管道修理，保障资金的安全流动。"华小安睁大眼睛，感叹道："真是厉害！在现实世界，通过计算机技术修复解决漏洞问题需要很长时间，在这里竟然可以轻松解决。真神奇！"

　　随后，华小安被一位穿着绿色制服的工作人员吸引了。工作人员解释说："这位是文明劝导员，他们的任务是维护虚拟实验室的秩序。你知道，有时候会有一些黑客恶意制造混乱，甚至同时虚拟 100 个人恶意入侵系统，做一些破坏环境的事情，比如，乱丢垃圾、乱排污水、滥用一次性用品等，导致实验室的环境推演功能出现异常。而这些文明劝导员会及时阻止和劝导这些行为，维持虚拟实验室的和谐稳定。"

　　小安脑海中闪过一个念头，兴奋地说道："这些文明劝导员真是绿色世界的守护者啊！他们为了维护环境的和谐，要一直坚守岗位，进行劝导，真是不简单。"

"是的，每个人都发挥着自己的特长，共同守护着实验室的安宁。这些虚拟角色不仅有专职人员，还有来自全球的绿色金融实验室志愿者。大家团结合作，共同解决问题，保持实验室井然有序的运作。"工作人员赞许地点了点头。

华小安终于来到了虚拟实验室中的金融中心F区，高耸的虚拟建筑宛如摩天大厦，汇集了银行、保险、证券等各类金融机构的虚拟总部，气势宏伟。整个区域被精心设计，光线柔和而明亮，宛如进入了一个充满未来科技的奇幻世界。华小安双击眼镜上的绿色按钮，看到无数资金流动的管道汇聚于此，仿佛一条条涌动的河流，源源不断地流向不同的项目、企业，然后被用于各种不同的场景。

这些流动的资金在虚拟实验室中形成一个复杂而完整的金融生态系统。工作人员耐心地讲解着这些资金的流向。每一笔资金都能顺利用于指定的用途，然后系统会自动推演出这些资金在未来对环境的影响。华小安睁大眼睛，被这一切精密的模拟和数据分析深深吸引。

此时，工作人员提醒华小安："仔细查看这个公司的资金管道流向，很有可能这次危机并不是偶然，是不是资金长期流向出了问题？希望你能帮忙寻找更详细的线索。"华小安暗暗下定决心，一定要找到答案，为绿色金融虚拟实验室贡献自己的力量。

华小安仔细检查着与该公司相关的资金管道，希望能找到一些线索。在其中一条管道的尽头，他发现资金流向和工作人员接到的报告并不一致，这笔定向投入林业恢复的资金，却流向了一个未知的领域。华小安见状马上把这个问题记录下来报告给了工作人员。根据实验室的场外调查，这笔资金原本由 E 城林业碳汇项目园区负责。"难道是这个项目出了问题？"工作人员讨论着。

　　就在此时，天空突然阴云密布，狂风骤起，暴雨倾盆而下，仿佛预示着一场危机的到来……

3

点"碳"成金

金融市场中的投融资活动

气候变化的机遇

　　距离升级为"灰色事件"已不足 8 个小时，看着窗外的大雨，大家的心情愈发焦灼。"华小安，刚刚与你汇合的这几位是负责事件调研的工作人员，预报说 5 分钟后暴雨会转小，需要你们在那时迅速出发，前往 E 城林业碳汇项目园区展开调查。"卢教授通过对讲系统向"碳"秘计划中的成员发出任务部署。

　　然而，当他们坐上车时，震耳欲聋的雷声再次响起，狂风将两旁的大树吹得左摇右晃，能见度不足 10 米。为了保证大家的生命安全，不得不暂停行程，等待暴雨稍歇的时机。这场暴雨如果一直不停，他们又该怎么办呢？随着时间的推移，情况变得异常棘手。

　　"我们就这样等着，什么都不做吗？"华小安焦急地问道。

他毕竟还只是一个少年，遇到这样的情况，有些不安。安心姐姐在实验室里看到了他们的处境，急得双手紧握，随后，她拿起对讲机传声道："各位同事，实验室现在已经精准监测到你们所处区域的情况了，接下来我们会尽力协助你们，一定要注意安全！"

"好的，我们会谨慎行事的。"一位工作人员沉稳地回应道。华小安也平静下来。暴雨和泥泞能挡住汽车行驶的路，却挡不住他们前行的决心，他们不会因为眼前的困境而退缩。

"数据显示，10分钟后，雨势会有所减轻。"安心姐姐快速说道，"但距离目前位置的3公里内，随时都有可能出现坍塌，所以你们必须把握好时机，尽快离开这片区域。"

话音刚落，一声巨响就从前方传来。一块比车还大的巨石陡然从山顶滑落，挡在了路中央。所有人都被吓得屏住了呼吸，面面相觑。

幸运的是，没有任何人受伤，不幸的是，巨石挡住了目前唯一可以通往E城林业碳汇项目园区的路。一旦绕路，他们抵达的时间会再次延迟。

"你们先向后撤退，我来寻找最近的绕行路线。"一直与他们保持通话的安心姐姐迅速动起手来，调取周围的路况信息，寻找绕行的办法。

"找到了！但是……"安心姐姐将路线同步给他们，语气却有些迟疑，"这些都是实时地图上显示出来的小路，以往还从未有人完整走过，你们千万要小心。"

接下来的一路上，他们随时将真实路况反馈给安心姐姐，安心姐姐则在实验室里对下一阶段的通行情况进行预判，为他们指路。经过一段时间的摸索，他们终于脱离了危险地带，继续前往E城林业碳汇项目园区。这次的经历让华小安更加真实地感受到了极端气候带来的危害，寻找问题根源的决心也更加坚定。

"华小安同学，你听说过气候投融资吗？"眼看情况稳定下来，车上的人员都松了一口气，一个工作人员转头向华小安问出了一个问题。

"我听过投融资。"华小安想了想，有些迟疑地说，"可是气候是无法被掌控的，这怎么能进行投资和融资呢？"

工作人员笑了笑，解释道："气候投融资其实也是我们绿色金融的一部分，是为了实现国家自主贡献目标和低碳发展目标，支持更多资金投向应对气候变化领域的一种投资和融资活动。"

接着，他将平板电脑递到华小安面前，并点开了一张丰富多彩的地图："你看这些管道，有没有发现什么特别的地方？"

"它们好像都通向了森林、农田、草原这些绿色的地方。"华小安一边观察一边喃喃道。

"是的，这就是投融资的资金管道，它们最终都会流向森林、农田、草原等这些能直接吸收二氧化碳的地方。"工作人员将地图上的绿色区域放大了些，指给华小安看，"我们来到一片森林，会觉得这里的空气比城市更清新，就是因为几乎每一片叶子都可以吸收二氧化碳，那千千万万片叶子聚在一起，通过光合作用吸收二氧化碳，并将其固定在森林的植被和土壤中，进而降低二氧化碳在大气中的浓度，这个过程就叫作碳汇。而我们所说的气候投融资，就是用于增加碳汇的金融活动。"

"也就是说，如果我们将资金投入到植树造林、植被恢复等项目中，森林吸收的二氧化碳越多，碳汇就越多，对吗？"华小安认真地问道。

"你也可以这么理解，但气候投融资的范围远不止于森林。"工作人员拍了拍他的肩继续道，"气候投融资最基本的特征是能够带来气候变化减缓效果，减少温室气体排放，以及提升适应气候变化的能力或气候恢复力。它所支持的范围包括减缓气候变化和适应气候变化两个方面。"

说话的间隙，安心姐姐的声音也从对讲机中传出来："在减缓气候变化方面，主要是通过控制温室气体排放、调整产业结构、优化能源结构、增加碳汇等方式，逐渐减缓气候变化的影响。"

"那适应气候变化方面呢？"华小安忍不住追问道。

"在适应气候变化方面，主要是为处于气候变化不利影响下的能源、粮食系统和基础设施提供资金支持，提高农业、水资源、海洋、气象、防灾减灾等领域的适应能力，升级基础设施的能源效率等，以应对气候变化带来的挑战。"

华小安紧紧盯着屏幕，聚精会神地倾听着。安心姐姐也继续讲道："当然，气候投融资也离不开气候数据的支持。"

"如海上风电、光伏项目开展选址时，需要评估气候条件；农业、房地产等对极端天气敏感的行业，更需要极端天气风险评估，实现气象预警与金融机构风险预警系统对接。好在我们国家的各个部门早已预先布局，气候投融资也已经逐渐发展成熟。"

工作人员点开平板电脑上的一份数据报告，自豪地告诉华小安："十多年来，全球气候投融资的规模一直在不断增长。在2019—2020年，气候投融资规模就已经突破6 000亿美元。自2015年起，全球气候投融资规模年均实现了两位数增长，而东亚和太平洋地区的气候资金则大部分都集中在中国。"

说着，华小安一行人终于顺利到达E城林业碳汇项目园区。

"天呐！这是发生了什么？"华小安一走进园区，就指着前面的树林发出一阵惊呼声。工作人员诧异地看了看他，又看了看他指向的地方，眼神中满是疑惑："怎么了？那里有什么东西吗？"

华小安愣了愣，又指了指前面："那里的树苗……不是都倒了吗？"

"你确定是那里吗？"工作人员压下心中的震惊，一字一顿地问道。他想起了之前技术人员说过，也许只有华小安这个新的 ID 身份才能看到真实的景象。

"我……我再看看。"可被这么突然一问，华小安也不知道该不该相信自己的眼睛了。他看到的景象与之前工作团队跟他描述的完全不同，甚至很多地方都与资料中呈现出相反的状态。

原本应该茂密且整齐的树木，此时全部被砍倒在地，树苗倒得满地都是，周围还长了不少杂草。标记和标牌被随意扔在草丛中，检测土壤的仪器好像也被刻意移动过。

明明每一处变动都很显眼，为什么工作人员会看不到呢？

华小安小心翼翼地走进园区后，更加仔细地观察着周围的一切。让他没有想到的是，连最重要的二氧化碳监测仪器都是关闭的。这几乎是任何一个工作人员都不可能犯的低级错误。

"那个监测二氧化碳的仪器是关闭的！"华小安急忙向

工作人员喊道。

　　工作人员脸色大变，立马联系了实验室的安心姐姐，让她调取林区二氧化碳的实时数据。而一切也正如他们所料，实验室的数据依旧显示正常。

　　"华小安同学，我想我们已经知道问题出在哪里了，现在需要你用你的设备拍下你看到的所有异常情况，"工作人员严肃地说道，"我也会尽量细致地为你再介绍一遍这里的情况，方便你进行对比。"

于是，工作人员和华小安开始一个区域一个区域地排查，华小安也用通信设备将这些异常情况拍下，发送回实验室，让技术人员顺利找到了全部的漏洞。等实验室恢复真正的数据时，所有人都倒吸了一口凉气。

林区多个区域的土壤和树苗都受到了损伤，二氧化碳吸收能力几乎下降了三分之一，严重削弱了林区本身减缓气候变化的能力，加重了极端天气出现的可能性。而种种迹象表明，是有人在幕后操纵着这一切。而这些人究竟是谁，却不得而知。

红色事件终于降级。技术人员也吸取了教训，对识别系统进行了升级，防止类似的情况再次出现。

卢教授带领着实验室的工作人员仔细研究从"碳"秘计划中反馈回来的调查情况，发现真实情况比预想中的更糟……

你知道全球升温 1.5℃和 2℃，对气候和环境的影响有多大吗？

项目	1.5度	2度	严重倍数
每五年受极端高温事件影响的人口比例	14%	37%	2.6
北极地区的无冰夏季频率	每100年至少一次	每10年至少一次	10
2100年海平面相较于2020年上升厘米数	40	46	1.15
脊椎动物存量减半的种群占比 *相较于2020年的基数	4%	8%	2
植物(植被面积)减的种群占比 *相较于2020年的基数	8%	16%	2
昆虫存量减半的种群占比 *相较于2020年的基数	6%	18%	3
北极地区冻土消融面积	480万立方千米	660万立方千米	1.38
生态环境转变对应的面积 *地表生态环境转变为另一个环境	7%	13%	1.86
粮食减产总额 *相较于2020年全球粮食总产量	3%	7%	2.33
珊瑚礁减少比例 *相较于2020年遭游礁面积	80%	99%	1.24
渔场产量减少 *相较于2020年	150万公吨	300万公吨	2
每年暴雨和洪水带来的损失	6万亿美元	14万亿美元	2.33
年均森林火灾发生数量 *较2000年上升	34%	79%	2.32

资料来源：世界资源研究所（WRI）。

"一片叶的使命

看到华小安发送的照片后，实验室所有的工作人员都睁大了双眼，露出了震惊和哀伤的神情。这些照片揭示了碳汇项目背后的真实景象，曾经枝繁叶茂的林地惨遭大规模砍伐，露出光秃秃的地表。随着这些不良行为在投影幕布上不断地展示出来，每一张照片都刺痛了大家的心。

卢教授叹息一声说道："这简直就是一场灾难，谁能想到会是这样的情况。"

安心姐姐也眉头紧锁："这是个巨大的隐患，我们需要立刻找到对应责任人并揭露他们的所作所为。"

卢教授神情凝重地说道："是的，事不宜迟，我们必须采取行动了。这个项目是我们环保事业重要的一环，不能眼看着它毁于一旦。"

安心姐姐看向卢教授，坚定地说："卢教授，这个项目被实验室寄予厚望，现在变成这个局面，我们团队也有责任，我愿意带领 F 区的工作人员，成立一支专业的调查团队，一探究竟，找出问题的根源。"

卢教授点了点头："好！我相信你，你要好好带着这个团队，一定要找出陷入困境的真正原因，我们才能对症下药，提供解决方案。"说完，卢教授和安心姐姐来到 F 区，通知所有工作人员紧急集合开会。

集合完毕，安心姐姐对着所有人说道："由于事态紧急，我简单分配一下任务。首先，我们需要安排采样专家进行碳汇项目取样，包括采集土壤、植被、气体和其他相关样本，以了解项目当前的环境状况。此任务需要 F 区最有经验的采样专家去做，以确保数据的准确性。其次是数据分析，将采集的样本数据传递给数据分析团队，他们将其进行处理和分析，以便形成有关项目状况的全面报告。最后是总结报告，我将安排专业人员根据数据分析的结果来编写详细的项目报告。"

卢教授补充道："要确保所有的调查严格按照科学方法进行，不留死角，找出问题的真正原因。"

"收到,保证完成任务！"F 区工作人员异口同声地答道。

没多久，调查团队就出发了。一行人踏入碳汇项目园区，曾经的满目绿色已不复存在。阳光透过稀疏的树叶洒在斑驳的荒地上，这片园区早已不再如过去一样生机勃勃，而是变得荒凉和凄冷。曾经那个充满生气的园区已经变得一片死寂，满目疮痍。实际情况与他们过去在实验室内检测到的景象相差甚远，众人一时惊诧，一时叹惋。

"这是什么？我之前怎么从未在园区见过。"其中一位调查人员在不显眼的草丛处发现了一个黑色摄像头般的仪器。

"不止这一个，我也发现了。""我这儿也有！"大家发现这些仪器遍布整个园区，大都设置在隐蔽处，众人面面相觑。

安心姐姐迅速反应过来，拿着专业扫描设备对这个神秘黑色仪器进行扫描，数据传回实验室总部，得出了一个惊人的结果，这竟然是屏蔽仪。

"看来问题出现在这里。就是这些屏蔽仪虚构了园区内的景象，让我们以为一切正常。"

随后安心姐姐指挥大家一边拆除屏蔽器，一边拍照取证，并汇总数据进行分析。看到数据结果的那一刻，安心姐姐的表情变得更加凝重。

调查结束后，工作人员立刻联系了园区的关键责任人刘哥。作为碳汇项目的监督员，他负责把控项目的每一个细节。不一会儿，刘哥就赶了过来，安心姐姐简单问了刘哥几个关于园区具体情况的问题，没想到刘哥很快就满头大汗，要么答非所问，要么根本就回答不上来。

看到此情此景，安心姐姐已经心里有数，知道再问下去也问不出什么结果。因为刘哥的玩忽职守，安心姐姐打算联系公司的高层领导再进行讨论。

安心姐姐正准备离开，就看到一个瘦长的身影匆忙赶了过来，刘哥迅速介绍道："这是我们公司的 CEO，马总。"转过身又对马总介绍道，"马总，这位是国际绿色金融实验室的调查员安心女士。"马总一脸严肃，迅速走到了安心姐姐面前，握住她的手赶忙说道："您好，我听说了您的到来以及调查的情况。我代表公司上下感谢你们团队的到来。"

　　安心姐姐回答道："这是我们应该做的。"说完，安心姐姐将数据结果呈给马总，转过头，严肃地看着刘哥问道："刘先生，你作为园区的负责人，怎么会对园区的情况一问三不知？当下之急不是清算责任，我们是来了解问题出现的原因的，看看是否还有挽救的余地，希望你能如实作答。"

　　刘哥摸了摸下巴，又朝着安心姐姐叹了一口气说："您是不知道，问题根本不在我，而是出在项目的转型上。公司高层决定将更多的资源投入到绿色技术研发和技术转型方面，导致传统项目的资金削减，而员工的薪酬福利待遇又和这些传统项目挂钩。还有一些老员工，误以为公司在走下坡路，仗着自己资历老，带头搞小动作。"

　　见刘哥还想狡辩，安心姐姐继续追问道："我们调查还发现园区的工人受到黑心商人的蛊惑，他们给工人承诺只要在园区内放置屏蔽仪，就会给大家许多好处，还散播谣言说碳排放量高一点并没有什么大碍。还有，只要木材产量能够提升，还会以更高的价格收购本地的木材。不仅如此，我们发现其实公司从上到下都有问题，作为管理层的监管者，疏于管理，一直没有及时发现这些问题，甚至发现了也隐瞒不报，直到上次华小安冒着危险拍摄了碳汇项目的真实场景，这些问题才真正浮出水面。"

马总看完数据，诚恳地说："安心姐姐，很感谢你们帮忙查明真相。"又转过头瞪着刘哥道："不然，我还不知道要被这些人蛊惑多久。老刘，每次开会你报的数据都漂亮好看，原来背地里瞒着我们做了这么多龌龊的事情，枉费公司对你的信任，你做的一系列违法违规的事，也会受到相应的惩罚，到时候，希望你能配合调查，诚心悔过！"见到谎言被戳穿，刘哥低着头，一个字也说不出来。

安心姐姐微微点头："马总，我们只是尽了自己的职责。现在我们已经知道了造成问题的根本原因，相关涉事责任人必须接受应有的惩罚，同时需要确定下一步解决的对策。"

马总深感羞愧："我也会对此事负责，我同意你们所采取的措施，我们必须重振碳汇项目。同时，我要反思自己与员工之间的沟通不足，这也是问题出现的一个原因。我们马上召集一次紧急会议。"

在会议上，马总说道："我谨代表所有高层领导，向大家道歉，公司转型的步子迈得很大，没有及时为大家提供相应的培训与学习机会，导致大家不了解公司的新战略。且我对公司的项目疏于管理，一直没有及时发现管理层有玩忽职守，甚至从中渔利的现象，也没有与你们保持充分的沟通，这才导致公司的碳汇项目出了如此大的问题。非常感激卢教授的团队，他们的认真调查揭开了问题的真相，让我意识到自己的失职。"

"接下来，我要告诉大家我们的未来计划。之所以改变经营方向，是希望将更多的资源投入绿色技术研发和技术转型中，一方面是尽可能地保护生态环境，维持林业资源的稳定循环，另一方面也希望满足未来可持续发展的需求。

当前我国的木材还无法实现自给自足，森林生态系统本身的恢复能力也不强，森林木业的供给量无法满足越来越多的社会需求。在这种情况下，我们一方面要推动林业发展，解决木材短缺问题；另一方面也要保证可持续发展，不能只图眼前利益，置自然环境于不顾。

作为一家上市林业碳汇公司，我们积极响应国家政策的号召，要尽自己所能增加森林面积、提高森林质量。基于林区林业实际情况，因地制宜地持续推进以天然林保护修复，建立国家森林公园、湿地公园等自然保护地体系为主的生态治理项目。同时，加强对重点生物多样区、生态脆弱区等的保护修复，努力减少林业碳排放，促进森林生态系统固碳能力不断提高，进而提升森林生态系统碳汇量。

　　另外，要探索多元化的林业产业新形态。通过建设绿色发展先行区，大力支持与发展生态林业、有机林业、特色经济林、林下经济等现代林业产业，探索将碳汇林与现代林业产业的有机融合，减少现代林业领域温室气体的排放，增强森林碳汇功能，有效发挥森林的固碳功能。森林文化将成为重建人与森林和谐关系的新形态。

　　最后，在现代林业发展基础之上，进一步构建碳汇林与教育、文化、康养、旅游等其他产业领域融合的新型林业产业，如康养基地、森林疗愈基地、中草药种植基地、碳汇教育基地、观光林等，实现林业碳汇等生态产品的转型升级，将生态优势转化为经济优势，提高林业碳汇等生态产品的附加值，促进林业碳汇的增加。

所以，短期的经济利益并不是我们的工作重点，能够积极地履行公司所承担的社会责任，确保碳汇项目重新回到正确的轨道上，努力提高全体员工的福利待遇和薪酬才是我们的最终目标。会后我们将签署发放相应的责任书文件，落实以上所有保证。希望未来我们森林中的每一片叶子，都能完成它们的吸碳造氧使命，我们作为企业，也能履行好属于我们的社会责任。"

在听完之后，员工们内心激发起强烈的的责任感，纷纷鼓起掌来，希望能为实现"双碳"目标做出自己的贡献。安心姐姐一行表示将秉持公开透明的原则，向广大投资者公示现阶段企业经营的真实情况。

公司管理层们郑重地点头："所有结果都要坦然面对。我们也会发布一封诚挚的致歉信，向投资者和公众道歉，同时承诺改进和恢复项目。"

为了帮助马总和公司员工深刻认识问题的严重性，安心姐姐采用"碳"秘计划的推演功能，模拟呈现了项目继续恶化10年后的可怕场景。屏幕上展示了林场被破坏后的惨状——树木几乎被砍伐殆尽，草地干枯，野生动植物消失殆尽，而大片的土地变成了荒漠。

安心姐姐语气严肃地道："这是我们继续走下去的未来，

如果不采取行动，我们公司的项目将陷入不可挽回的局面，公司也无法获得未来长期的收益。"

接着，安心姐姐转向另一个屏幕，展示了一幅美好的景象。在这个画面中，树木重新繁茂，野生动植物恢复生机，这里成为一个绿洲，不仅有益于环境，还创造了更多的就业机会和可持续的经济效益。

安心姐姐用充满希望的声音说道："这是我们所能实现的未来，如果我们共同努力，采用科技创新，完成项目的转型，我们将重现绿色项目的光彩。"

众人感到心头一震，通过这两个对比强烈的画面可以更直观地看到问题的严重性，也激发了他们改善项目现状，重新规划项目未来的决心。

"马总，还请您与相关负责人员明天来一趟国际绿色金融实验室，我们将组织团队协助你们开展后续工作。"安心姐姐说道。

绿色评级进行时

随着碳汇项目实地调研的结束，工作人员终于松了一口气。安心姐姐的团队马不停蹄地赶回，准备将结果汇报给实验室。

卢教授和 C 博士听着安心姐姐的讲述，眉头紧锁。国际绿色金融实验室相关人员在严谨测算后，正式宣布将下调林业碳汇项目所在公司的 ESG 评级。

林业碳汇项目事件公布后，网络舆论一片哗然，同时，多家报业及媒体公司竞相报道，导致事态进一步发酵。

华小安因为这次执行任务，获得了继续在实验室学习的机会。

一周后，华小安来到实验室准备和安心姐姐继续学习绿色金融知识，一抬头，他正好看到林业碳汇项目从之前的

AAA 评级变成了 BBB 评级，心中充满了疑惑。他忍不住转头看向安心姐姐，轻声问道："安心姐姐，这是什么意思？这些字母怎么会变了？"

安心姐姐正在和工作人员商讨解决林业碳汇项目的最佳方案，一转头看到是华小安，便耐心地说道："小安，除了盈利的多少，我们还能从哪些角度评价一家企业的价值呢？"

华小安沉思了一下，随即陷入了思考："或许，我们可以从企业的社会责任角度来看待。比如，如果一家企业在追求利润的同时，也能够积极投入环保事业，不为了眼前的利益而对环境造成严重的污染，这样的企业应该被认为是优秀的吧？"

安心姐姐微笑着点头："正是，这种企业不仅看到了自身利益，更能够关注到整个社会和环境的健康。它们不只追求金钱，更是在构筑一个可持续发展的未来，主动选择放弃一些利润，以避免给环境带来过大的负担。这种行为其实是在传递一种积极的价值观。这样的企业在经济和道德间找到了平衡，用实际行动承担了自己对社会的责任。"

华小安的眼中闪烁着坚定的光芒："正是因为这种企业的存在，我们才能看到商业与社会环境可以和谐共存。这不仅仅是赚钱的问题，更是一种关乎未来的担当。"

安心姐姐连连点头表示赞许，随即又补充道："为了对这些在企业运转过程中看不见、摸不着的'隐形'贡献进行发掘，经济学家们建立了 ESG 评级系统。ESG 是环境、社会、和治理的英文单词 Environmental, Social and Governance 首字母的缩写。"

华小安点点头，说道："安心姐姐，可以和我讲讲经济学家们是怎么从环境、社会、治理这三个方面来评价企业的吗？是不是像学校考试一样，会给企业打分呢？我们总是说绿水青山就是金山银山，是不是要求每一个企业都要保护环境呀？那社会、治理又是什么呀？"

"我们强调人与自然和谐发展。环境作为 ESG 三项中最重要的一项，是在表达企业发展的同时，也要衡量其对环境的影响。衡量的方面包括产业优化、技术升级、使用新能源、污水处理、废弃物处理等。如果一家企业埋头发展不顾环境，要么面临政府罚款，要么面临停产整改。比如，你刚刚去的林业碳汇项目，如果它良性发展，将在 E——环境这个板块体现出自己的优势。在投资决策中，立足国家绿色政策，例如'双碳'目标等，可以更有效地保证企业长期健康发展。社会方面，则会关注企业对员工、社区和社会的影响，包括反对员工歧视、反对强迫劳动、对客户及员工信息进行保密、更合理地进行市场竞争、参与社会公益等。"

华小安听得很认真，说道："我想到了发生地震的时候，许多企业都会进行物资捐赠，尽自己所能来帮助受灾群众，这些企业是不是在社会这个板块会获得更好的评价呢？"

安心姐姐点点头，说道："是的，你说得很对。最后是治理方面，它关注企业内部的管理和决策结构，这包括董事会是否独立、高级管理团队工资是否透明、反贪污腐败政策是否有效、是否按时纳税等。刚刚的碳汇项目想要承担更多的社会责任，也就是发展 S 这个维度，但是他们公司的治理结构中 G 维度有所欠缺，这才导致了现在 ESG 评级降低。企业的管理水平一方面影响企业发展的风险大小，另一方面影响自己的社会形象。公司的治理评分越高，越能向社会传递正能量，因为高评分表示该企业保持着高度的社会责任感和可持续发展性。

ESG 评价体系可以帮助投资者和利益相关者更全面地了解企业的可持续发展表现，这些利益相关者可能包括投资者、客户、员工和政府等。越来越多的投资者和企业开始将 ESG 因素纳入考虑，因为它们认识到长期来看，关注 ESG 问题有助于减少风险、提高企业声誉，以及推动可持续发展。"

"原来每一个大的板块下面有这么多的小评分点！不过也只有这样，才能给企业更客观、准确的评价！安心姐姐，ESG 评价体系的结果是怎么样的呢？会不会像老师判定我的期末成绩一样，是合格或者优秀？"华小安继续追问道。

    "ESG 评价体系以环境、社会以及公司治理三方面为核心，向下可以细分为三到四层更具体的指标进行评分，是很科学的。评级结果由高到低，通常分为三个等级，分别是A、B、C。AAA 表示在 ESG 方面表现优秀；而 BBB 意味着表现较好，但可能存在一些问题；至于 CCC，则代表该公司在 ESG 方面表现非常糟糕。"安心姐姐回答道。

    突然间，实验室的大门"哐"地一下被推开，所有人瞬时安静下来，现场变得鸦雀无声，大家都讶异地看向大门口。只听见一个怒不可遏的声音传来："你们最好给我解释一下，为什么我们投资这么久的企业的 ESG 评级被宣布下调了！

网上也都是对碳汇项目的负面评价，你们看到那些新闻了吗？为什么会发生这种事？"来人的表情十分愤怒。

经过一番核实，工作人员得知，原来来人是备受争议的E城林业碳汇项目的投资人之一——辛总。ESG评级的下调导致网络上的负面新闻铺天盖地，大量投资人对公司信心不足。辛总作为绿色金融实验室授权的投资人代表，在收集广大投资者意见后要求相关公司给出解释，却一直等不到结果，一气之下就冲到实验室来问问具体缘由。

紧张的气氛瞬间在办公室中蔓延开来，就在这时，安心姐姐走了过来，她表情凝重，眼中却闪烁着坚毅和睿智的光芒。她建议辛总暂时平复一下情绪，并向他讲清了事情的来龙去脉。然后，安心姐姐拿出了E城林业碳汇项目的评级文件，大概给辛总讲解了一下。在安心姐姐耐心的解释和安抚下，辛总慢慢冷静了下来，他也知道投资本身有风险，遇到问题，就应该做好应变准备。辛总决定坐下来，仔细翻看一下E城林业碳汇项目的评级文件，然后做出投资决策。

站在一旁的华小安眉头微蹙，他还是有些疑虑："安心姐姐，如果这家企业的评级下调了，投资人为什么还要投资呢？难道不是应该避免风险吗？"

安心姐姐轻轻一笑，拍了拍华小安的肩膀，然后拿起一杯热茶，递给了他："小安，ESG评级只是一个方面，虽然评级下调可能代表着某些问题，但也要考虑其他因素。"华小安接过茶杯，但内心仍然有些困惑。他看着安心姐姐，希望能够得到更深入的解答。

安心姐姐在华小安旁边坐下，深吸了一口茶香，紧张的情绪也放松了一些，然后她继续解释道："投资是一个复杂的决策过程，不仅仅取决于单一的评级。有时候，投资人还会考虑企业发展状况、行业排名、财务状况等因素。"

华小安点点头，似乎理解了一些。安心姐姐继续说道："ESG 投资不仅关乎眼前的利益，更关乎未来的可持续性。投资人如果认为，这家企业正在改进在环境、社会和治理方面的表现，逐渐提升评级，实现长期的增值，那么投资这家企业也是很有可能的。"

华小安沉思了片刻，似乎有了更深层次的理解。安心姐姐微笑着拍了拍华小安的肩膀："你等会可以问问辛伯伯，或许能够更好地理解他的投资决策。"华小安看着安心姐姐，内心逐渐涌起一股坚定的信念。他知道，在姐姐的引导下，他会不断学习、成长，也会更加深入地理解这个复杂而神奇的投资世界。

辛总紧蹙着眉头，目光不断地从一页页评级文件中滑过。他听到安心姐姐和华小安的对话后，抬起头看着站在安心姐姐旁边的华小安，神情渐渐缓和，似乎在那一刻，年轻有朝气的华小安让他想起了曾经的自己。

他拉着华小安一同坐下，开始讲诉自己的投资故事："华小安同学，我来解答你的疑惑吧。当初我在选择投资哪家公司的时候，确实有一些预期经济收益更高的选择，但在了解了 ESG 评级之后，我意识到，经济收益和可持续发展并不是互斥的。站在长远的角度，我们是可以同时追求两者的。所以，我选择了那时 ESG 评级最高的一家企业——E 城林业碳汇项目。"

"小时候我的家乡环境非常美，山清水秀，生态多样，植被茂盛，动物们在森林中欢快地奔跑。然而，有一天，突然来了一家企业，老板说我们这里有一种树很珍贵，可以卖很多钱，于是他开始进行大规模地砍伐树木、破坏环境，导致我的家乡变得光秃秃的，什么都没有了，我喜欢的动物也消失了。"辛总的声音渐渐沉稳，回忆起自己的童年，他的眼神仿佛穿越了岁月，回到了儿时美丽的家乡。

他顿了一下，神情有些悲伤："因此，我深知，留给子孙后代一个良好的生活环境，比任何经济收益都要重要。我一直支持绿色产业的发展，因为我相信，可持续地经济增长与环境保护是可以共存的。ESG 评级下调让我生气的不仅仅是经济上的受损，更是因为我关注的绿色企业没有坚持绿色发展的理念，让我感到心痛。"

"老辛。"此时，不知何时出现在门口默默旁听的马总走了进来，带着羞愧和自责握住了辛总的手，"是我没有管理好公司，辜负了投资人们的信任和期望。"

"老马，我理解你的不容易，你这些年一直在外学习、奔波，想要把公司引到更广阔的路上，这样的结果，你只会比我更心痛。现在不是我们伤感或埋怨的时候，我也愿意继续投资咱们的项目，还是让安心的团队尽快协助企业整改吧。"辛总说道。

"马总，为了更好地开展项目整改，希望你们可以主动进行 ESG 信息披露。"安心姐姐说道。

"信息披露？可是我们企业也有自己的商业机密，如果过度披露，可能会对我们的经营产生影响。"马总显得有些顾虑。

"其实，今年有关部门已经陆续出台了政策和指引，鼓励公司加强治理，履行环境和社会责任。披露环境、公司治理等相关信息，有助于倒逼企业完善自身的 ESG 策略和体系建设，识别经营和发展中的风险和机遇，规范企业运营，也可以帮助我们更好地展现企业社会责任。"安心姐姐问道。

"从这个角度来讲，有大家共同监督，我们也会更有动力。"马总点了点头。

"是的，同时，ESG 信息是对企业财务信息的补充，有助于投资者和利益相关方通过更多维度加强对企业的了解，从而更加全面地评估企业的现状与发展潜力。比如，社会关注到咱们企业在环境保护和治理方面做出的贡献，是不是也会更信任并支持这家企业呢？此外，ESG 信息披露能够让投资人更积极地发挥股东作用，对利益相关方进行有效监督。像辛总这样的投资人，也能够通过 ESG 信息披露，及时对企业的经营发展有所了解，从而及时进行监督，这也是有利于企业长期发展的。"安心姐姐坚定地讲道。

"我明白了，未来我们会主动向社会披露ESG相关数据，接受大家的共同监督，我相信只要我们坚持践行绿色发展理念，公司在不久之后一定能够恢复原有评级。"马总这些天第一次露出笑容。

辛总听了之后，也露出了一丝释然的笑容。他转向一直在身边的年轻人华小安，鼓励地说道："华小安，你未来也要像安心女士或马总这样，带着你的专业知识和热情，一起为实现'双碳'目标做出贡献。"

华小安听到这里，内心无比激动。而他不知道的是，卢教授和C博士一直在默默关注着他的一言一行，一次实现梦想的机会，正要向他伸出橄榄枝。

4

低碳行业实践日志

金融机构的绿色金融活动

信贷低碳记

　　"华小安，感谢你为国际绿色金融实验室平稳运行做出的努力和贡献，实验室的工作人员都很认可你聪明勇敢的表现与冷静的处事态度，决定准予你'绿色金融宣传大使'的候选资格。但想要真正成为一名合格的宣传大使，需要通过国际绿色实验室的层层考核，在此过程中你要不断思考、不断学习、不断努力提升自己。通过考核正式成为'宣传大使'后，也就意味着你成了我们实验室的一员。希望未来能在实验室看到你的身影！这是一份荣誉，更是一份责任，需要你为此付出更多的时间和努力，希望你认真思考是否愿意成为'绿色金融宣传大使'。"

　　此时的华小安静静地坐在休息区，一遍遍回忆着 C 博士发出的邀请，脑海中闪过来到这里后发生的一切：看到高科技的二氧化碳排放监测系统、通过虚拟设备参与全球环境保护培训会议、遭遇绿色金融实验室危机、进入绿色金融虚拟实验室阻止红色事件升级……这些真切发生的事情，让华小安感受到了绿色金融应用与发展的重要性："如果像辛总这样的投资人没有坚持绿色投资的理念，而是投资了其他经济效益更高却不利于环境保护的公司，那么他儿时印象中的青山绿水和可爱的小动物们是否就再也回不来了？"

想到这儿，华小安敲响了Ｃ博士办公室的大门。

"请进。"

"Ｃ博士，我希望能参加接下来的考核。"

"很高兴你能做出这样的决定，那就好好享受这次独特的旅程吧！"Ｃ博士欣慰地说。

Ｃ博士带华小安来到考核准备区："和你一样获得'绿色金融宣传大使'的候选资格的人还有两位，他们已经在等你了。"

"华小安你好，我叫小楠。"

"小楠你好……怎么感觉你这么眼熟？你不会是那位拥有百万粉丝的气候活动达人的女儿——小楠吧？我看过很多你和你爸爸的视频。"

　　"眼神不错，这就是小楠啦！你好，我是温恒，是和你一样通过学校比赛来到实验室的同学。在你进入虚拟实验室解决红色事件的时候，受到你的鼓舞，我也在场外主动申请参与了一些问题的解决，得到了大家的认可。"温恒说道。

　　"你好，温恒，我记得你好像分享过参与拯救濒危物种的经历，还对植物的生长习性了如指掌。在进入碳汇项目园区时，场外工作人员提醒我重点拍摄一些植物的生长走势，这些信息应该就是你提供给大家的吧？"

　　"看来你们之间已经有了一些默契，你们还可以在接下来的任务中慢慢熟悉彼此，这些任务需要你们合作完成。如果准备好，我们就前往虚拟实验室开启考核吧。绿宝会陪你们一起进入'碳'秘计划实验室，它会告诉你们接下来需要做什么。"

"好的！"三人异口同声地说道。

三人进入"碳"秘计划实验室后，绿宝扇着自己的小翅膀迎接他们。

"任务启程：溯源该物品的资金链，并解锁下一条线索。"

三人看着这片长方形的剪影一头雾水，不知从哪儿下手。

"对了，绿宝是智能机器人，图像识别对它来说应该很容易。绿宝，你能帮助我们识别这个剪影吗？"华小安看向在头顶飞舞的绿宝。

绿宝接收到请求后，用摄像头快速扫描了这张图片并播报自己分析的结果："以下是我根据图像识别得出的结论。根据图像识别分析，有80%的概率为F区15号街道新能源汽车充电桩，有60%的概率为F区86号街道加油站，有20%的概率为F区资金管道监测大楼。"

　　"那我们直接去概率最大的充电桩那里吧。"小楠一边说着，一边打开步行导航，"出发！"

　　三人边走边聊，大约过了半个小时，听见导航提示："目的地在您前方。"三人发现眼前是一个正在建设过程中的充电站，排列整齐的充电桩还未正式投入使用。

　　"你们好，我是新能源汽车充电站的工作人员，恭喜你们找到了'绿色金融校园宣传大使'任务考核的起点。你们眼前的这批充电桩会在绿色贷款陆续到位后持续扩建，未来将会成为F区规模最大的智能充电站，所有充电桩提供的电能都由太阳能、水能、风能等清洁能源产生，而新能源汽车以电力作为驱动力，温室气体的排放量会大幅度小于燃油车。"

　　"哇，期待这批充电桩尽快投入使用，这下又能减少许多碳排放了！不过刚才您提到的'绿色贷款'是怎么回事呢？"小楠敏锐地捕捉到了谈话中的关键点，询问道。

　　"这将是你们的第一个正式任务：通过溯源充电桩项目

建设的资金链，认识绿色信贷，并准确总结出绿色信贷的三个特点。"

"收到！"三人接到第一个任务后，信心满满地开始讨论起来。

"我听安心姐姐讲起过贷款，它可以简单地理解为'借钱'，不过是向银行借钱。"华小安回忆道。

"这个概念虽然经常听说，但我还是有些不明白，小安，你可以给我们讲一下吗？"温恒谦虚地向华小安请教道。

"嗯……安心姐姐曾经给我说过，假如我们长大后想要购买一套属于自己的房子，但没有足够的钱支付，就可以制定一个'借钱计划'，向银行借钱。银行在对我们进行一些综合评估和审核后，觉得我们是守信的人，就会同意借钱。未来的一段时间内，我们可以每个月定期给银行还钱，当然银行也会收取一些额外的费用作为把钱借给我们的补偿，多收的这部分钱就是'利息'，而'利息'的多少通常由'利率'决定。借钱总金额不变时，利率越高，额外的收费就越高，利率越低，额外的收费就越少。"

"小安，你也太厉害了。"小楠和温恒听得津津有味。

"不过，到底什么是'绿色信贷'，它和普通贷款到底有什么不一样，我也不太清楚。"华小安边摇头边说。

　　"我们先沿着资金管道找到为新能源充电桩发放贷款的银行去问问吧。"三人双击眼镜上的绿色按钮,资金管道出现在他们眼前。

　　三人往资金流动相反的方向走去,最后来到资金流动的起点——F商银行。三人走进银行,试图寻找完成任务的线索,一位银行工作人员在角落里时刻关注着三人完成第一项任务的进展。

　　三人来到绿色信贷专区,他们先看了展示的绿色信贷案例,从中发现,银行主要把这些钱借给低碳转型相关的企业,比如高效节能装备制造、新能源与清洁能源装备制造、生态修复、园林绿化等领域的企业。

"原来绿色信贷与其他贷款的主要区别在于它的资金用途。"华小安总结道。

"你们来看看这些数据。"温恒向两人喊道。

绿色贷款数据			
项目	利率 /%	贷款期限 / 年	贷款金额 / 万元
A 公司清洁能源项目	3.35	15	2 700
B 公司节能环保项目	4.26	20	1 2000
C 公司碳减排技术项目	4.3	10	940
非绿贷款数据			
项目	利率 /%	贷款期限 / 年	贷款金额 / 万元
D 公司餐饮项目	4.9	5	300
E 公司生产项目	4.45	3	1 200
F 公司建筑项目	5.3	5	900

温恒对比着银行公布的其他贷款利率，发现绿色信贷的利率好像普遍低于其他贷款。

"不过，这里我们能看到的也仅仅是几个案例而已，万一是特例呢？"华小安有点不敢确定。

温恒点点头："保险起见，我们还是让绿宝帮忙查找对比一下吧。"

"等等，既然绿宝能查找这个，直接问它答案不就好了？"小楠灵机一动。

温恒见状赶忙阻止："小楠，这可能不……"

"绿宝，请你告诉我们绿色信贷的三个特点吧。"

"警告！问题与任务重合度较高，绿宝不能回答哟。"

"小楠，我们还是自己认真寻找答案吧，我们最主要的目的是更好地掌握绿色金融的相关知识，而不是完成任务，对吗？"

"的确如此。绿宝，那请帮我们查找绿色信贷利率的相关资料吧。"

"以下是绿宝查到的相关资料：通常情况下，绿色信贷具有相对较低的利率或更有吸引力的贷款条件，以鼓励借款人采用环保措施。"

"除了利率较低外，我发现贷款的期限，也就是借钱计划持续的时间也相对其他贷款更长。"华小安对比着贷款期限下面的数字说道。

"低碳活动的发生通常需要一个较长的周期来实现，我曾经参与过家乡植被恢复的项目，恢复草场、林场，需要耐心等待植物的成长，项目通常会持续5年，甚至更久。"温恒回忆道，"这可能是绿色信贷期限更长的原因之一。"

看到胜利在望，小楠兴奋地说："再寻找一个特点，我们就能完成任务了。你们还记得吗？我们第一次进入'碳'秘计划实验室的时候，注册考核区域有很多展板，展板上面介绍了国家为了推动绿色金融发展的种种举措，还发布了一系列纲领性文件，第三个特点会不会是政策支持呢？"

"恭喜大家，成功找到了利率、期限、政策这三个绿色信贷的特点。"小楠正准备查找资料，绿宝便飞到了他们面前，告知了任务完成的好消息。

银行的工作人员看到三人已找到正确答案，便走到他们面前进行更深入的讲解："正如大家发现的那样，绿色信贷其实是一种特殊类型的贷款。通常情况下，绿色信贷具有相对较低的利率或更有吸引力的贷款条件，以鼓励借款人采用环保措施。比如，同样是需要向银行贷款修筑楼房，你选取环保的建筑材料，并充分考虑对周边生态的影响所得到的贷款利率，要比你选取高污染材料且不顾及对周边影响所得到的贷款利率更低。这意味着如果你向银行借的钱属于绿色贷款，你需要还给银行额外的钱会更少。"

"你们的观察很仔细呀，通过看我们展出的案例数据，就推测出了利率和期限这两大特点。"

三人这时才反应过来，赶忙向工作人员道谢，对于刚刚观察到的内容，他们也想更深入地了解。于是，三人围着银行的工作人员，听他详细解释绿色信贷的特点。

"一般来说，绿色信贷可能具有较长的还款期限，通常也会要求借款人证明项目的可持续性，我们并不希望把钱借给'看似'为了绿色发展，却不能长期为绿色发展做投入的那群人。就像你们刚刚看到的充电桩项目，充电桩的建设虽然是短期的，但未来投入使用带来的低碳效益是长期的。充电站方便了人们使用低碳排放的电动汽车，如果未来越来越多的人因此选择乘坐低碳排放的交通工具，我们这笔绿色贷款的目的就达到了。"

"最后，是政策支持。政府在绿色信贷方面采取了一系列政策措施，以支持可持续发展和环保项目。比如，颁布一系列法规和政策，鼓励金融机构提供绿色信贷，以促进清洁能源、节能减排和环境保护等领域的发展。"

三人一边听着，一边埋头做着笔记。"原来绿色贷款的特殊性，是为了达成低碳的目的，为绿色'亮绿灯'啊！"华小安总结道。

"没错，除了你们刚刚找到的那些，在针对绿色信贷的项目审批流程方面也会有一定的优势。不过，这并不意味着我们会对借钱的人降低要求，反而我们会更严格地审核需要借钱的项目的情况，并在还钱的过程中，督促他们提交资源使用的情况，以确保这笔贷款达到支持低碳的目的。"

"那请问绿色信贷和绿色金融之间的关系又是怎么样的呢？"温恒请教工作人员。

"这个问题非常好，绿色金融其实是一个大家庭，里面的成员有着各种各样的分工，但大家都在为家族的共同目标努力着，绿色信贷就是其中的一员。在接下来的任务中，你们还会认识家族中的其他成员，了解它们的特点。"

三人走出银行，不断讨论着今天的思考和发现，绿宝闪着小翅膀跟在他们身后。下一个目的地，又会有怎样的挑战呢？

绿色助推器

"恭喜你们成功完成了第一个任务，第二个任务是：完整经历并记录一笔绿色债券发行的全过程。"绿宝挥舞着小翅膀向三人组发布了下一个任务。

"绿色债券是什么？这个任务听起来很有难度啊。"温恒眉头紧锁。

"我们要不要先回 F 区寻求帮助？那边的工作人员应该更了解什么是绿色债券。"华小安提议道。

"好！"三人立刻启程返回 F 区，华小安老远就看到了熟悉的面孔："安心姐姐！"华小安兴奋地叫着姐姐的名字。

"听说你们第一个任务完成得很顺利啊，太棒了！"安心姐姐温柔地看着三人。"第二个任务与我从事的职业息息相关，在正式开启任务前，我会先给大家简单科普一下关于债券的知识，并给你们设置一些小挑战，如果你们挑战成功，我就给你们一个额外的任务线索，如何？"

"没问题！"三人异口同声地答道。

"想要追溯一笔绿色债券发行的全过程，首先要了解什么是债券。债券可以简单理解为'借条'，愿意把钱借给别人的一方叫债权人，需要钱的一方叫债务人，债权人把钱借给债务人后的那张借款凭证，便是债券。债务人需要定期，比如，每三年偿还一些额外的钱给债权人作为'感谢'，这种额外的钱就叫作债券的'利息'，到了约定的日期后，债务人需要把所有借款还给债权人。"

"这听起来和银行贷款有点像啊，需要钱的一方向银行借钱，也需要定期支付给银行一笔利息。"华小安回忆道。

"其实，贷款和债券都是筹集资金的方法，即融资途径。既然可以直接找银行贷款，为什么还有债券的存在呢？区别之一就在于融资的资格和条件不同。大多数情况下，银行的利息会比较低，但会要求企业提供抵押物，但直接通过债券融资，就不需要提供抵押物，所以融资额度也可以比较多。"

"原来是这样，通过债券直接融资可以获得更多资金支持。"温恒总结道。

"对的。此外，债券的期限一般更长，这意味着借钱的一方可以过更久的时间再还钱，更能满足企业中长期的资金需求，而银行贷款一般更适合短期的资金需求。"安心姐姐补充道。

"好了，相信你们对债券已经有了初步的理解，接下来是我为你们准备的小挑战。

下面有两家企业，请你们判断它们更适合通过哪种方式融资。

企业 A：一家中等规模的糖果公司，最近急需一笔钱采购最新的糖果制作机器，需要的金额在 60 万元左右。

企业 B：一家大型数字科技公司，需要长期投入资金用于技术革新，资金需求在 2 000 万元左右。"

请与三人小分队共同完成考验
并在文末查看结果吧

三人仔细比对着两家企业的不同，再根据安心姐姐的讲解，思考每家企业最适合的融资方式，不一会儿就给出了答案。

"恭喜你们完成了挑战，这张照片上的企业可以帮助你们成功完成第二个任务。"安心姐姐笑着将照片递到几人手上。

三人将照片交给绿宝扫描，按照绿宝的地点指引来到一家现代化工厂附近。步入其中，高大的树木、清新的空气、摆放整齐的垃圾分类回收站，在园区中央甚至有一家小岛动物农场，这完全不像传统工厂的模样。

温恒看到园区里各式各样的绿植花卉，马上来了兴趣："这里的植物种类丰富，生长年限也很长，喜光和喜阴的植物分开培养，土壤的酸碱度和排水性都恰到好处，应该都是被精心养护过的。"

小楠看到眼前的景象，想到可以帮爸爸的科普视频积累素材，就赶紧拍起了视频。

"这家企业会不会发行绿色债券呢？我们去找人问问吧。"华小安提议。

"刚刚看到小动物农场的投喂和清理都是由机器人完成的，花卉的浇灌也是智能喷洒，这个工厂里该不会一个人都没有吧？"温恒担心地说。

三人沿着小径一直向前走去，不远处有一间被太阳能板覆盖的厂房，透过厂房的玻璃窗，他们终于看到了人类——一群穿着防护服的科研人员，在通透的厂房内忙碌地进行着手中的工作。

三人站在玻璃窗外不断地挥手，想引起里面工作人员的注意。"绿宝"左右摇了摇身体，向他们示意不远处有呼叫铃。按下呼叫铃后，一位工作人员走出来接待了他们。

"哥哥好，我们是今年'绿色金融宣传大使'的候选成员，正在完成实验室的考核任务。请问你们在做什么呀？"小楠礼貌地问道。

"你们好呀，听说今年的候选人都特别优秀，能在这里见面太开心啦！我们是一家金属冶炼科技公司，你们看到的其实是我们的一间实验室。目前我们正在攻克一项金属冶炼技术，通过这项技术，可以在冶炼出纯度较高的铝、铁、铜等金属的过程中不再产生温室气体，而是产生氧气。不过……"

"不过什么？"三人追问。

"不过技术研发是一件需要长期投入人力、物力、财力的事情，而且不能 100% 保证技术能够突破。其实我们公司现在的研发经费也很紧张，公司正在考虑通过什么方式筹集资金。"

"你们是一家大公司，也有着相对稳定的收入，你们可以发行债券呀。"小楠回忆起刚刚学到的知识，兴奋地提议。

"哇！你们在金融方面的了解真深入，不愧是拿到了入选资格的人。我们也在考虑这个方式，发行债券之前考虑的因素比较多，比如发行价格、发行费用、偿还期限、面额等，你们也可以帮忙一起出谋划策呀！"工作人员说。

"请问生产出来的这些金属，最后会是什么用途呢？"温恒询问道。

"主要用于各行各业的制造，比如汽车、手机的生产。"

"如果这项技术研发成功，是不是意味着我们使用的很多商品，是有助于减少温室气体排放的'绿色'商品呢？"华小安若有所思。

"没错，可以这样理解。"

"绿宝，能否从证券相关发行机构的角度，为这家公司的债券发行提供建议呢？"小楠问。

"以下是绿宝查询到的相关内容，希望能帮到你们。绿色债券除了符合一般债券的发行要求，还需满足以下要求：

一是资金用途。与非绿色债券不同，绿色债券所募集资金必须用于绿色产业项目，具有专一的用途。

二是债券期限。目前，市面上已发行的绿色债券大多为中长期融资债券，主要是因为某些绿色产业项目投资需要较长时间才能形成回报。

三是信息披露。除了常规非绿色债券需披露的内容，还需要对募集资金使用情况、认证报告和审计报告进行定期披露，相对而言，披露要求更高。"

"我明白了，简单来说，绿色债券发行和其他债券的区别在于，这笔钱的用途一定是用于绿色发展、债券的期限时间长、对于怎么使用这笔钱等相关信息的披露要求更高。"华小安总结道。

"那绿宝，既然绿色债券有专门的发行要求，有没有什么发行优势呢？"华小安补充问道。

"根据已发行绿色债券数据，与同类债券相比，50%以上的绿色债券票面利率更低，具有一定发行成本优势。而且这个比例呈逐年上升趋势，这代表着绿色债券发行利率持续下行，绿色项目融资成本逐步降低。"绿宝说道。

"我们需要申请的是一笔用于减缓温室气体排放的技术研发的资金需求，符合绿色债券的发行资金用途的要求，而且绿色债券相对来说发行利率更低、期限更长，适合我们长期进行技术研发。"工作人员的言语中略显激动。

"碳"秘绿色金融

"我们可以联系安心姐姐寻找专业机构协助这家企业发行绿色债券。"华小安兴奋地说道。

在三人的帮助下，安心姐姐很快带领着绿色债券顾问团相关人员来到工厂，审核这笔资金需求是否符合绿色债券的发行要求。

安心姐姐运用"碳"秘计划实验室先进的未来推演技术，向大家展示，如果这项技术研发成功，未来10年、20年后，将对环境保护做出巨大的贡献。科研人员看到未来模拟场景展示的画面后倍受鼓舞，更加坚定了持续进行技术研发的决心。评估后，绿色债券顾问团帮助工厂准备相关材料，并向相关部门提交申请，以募集资金投入项目研发。

三人圆满地完成了第二项任务，见证了推动发行一笔绿色债券的过程，也深刻了解到绿色债券的发行对实体企业绿色发展的意义。

"原来安心姐姐的工作能切实帮助到这么多企业、这么多人。"在经历了一系列的事情后，华小安不由得更加佩服安心姐姐从事的工作，也对未来的任务充满了信心与期待。

1. 还记得文中的互动吗？来看看你的答案是否正确吧。

正确答案：企业 A 适合间接融资，例如贷款；企业 B 适合直接融资，例如债券。

2. 你知道一笔债券从无到有需要经历哪些流程吗？

（1）公司做出决议或决定。像文中的科技公司那样，发行一笔债券并不是几个人商量一下就能决定的，而是要在公司层面依照流程做出决定。例如，股份有限公司、有限责任公司发行公司债券，由董事会制订方案，股东会做出决议；国有独资公司发行公司债券，应由国家授权投资的机构或者国家授权的部门做出决定。

（2）申请发行。公司在做出发行债券的决议或者决定后，必须依照法律规定的条件，向国务院授权的部门提交规定的申请文件，报请批准，所提交的申请文件必须真实、准确、完整。绿色债券申请发行除需满足非绿债券发行条件外，还需要确定合格的绿色项目和资产，安排独立审查与追踪报告。

（3）相关部门审核批准。国务院授权的部门依照法定条件负责批准公司债券的发行。在交易所发行的，募集资金用于支持绿色产业的公司债券，由交易所或证监会核准发行，由证监会监管。

（4）企业公告募集办法。发行债券申请批准后，企业应当公告债券募集办法。其中需包含"债券总额和债券的票面金额、债券的利率、还本付息的期限和方式、债券的承销机构"等关键信息。

（5）承销商销售债券。债券成功发行后由相关部门批准的证券经营机构负责承销。

污染的另一种治理方式

　　绿色债券的相关知识还萦绕在华小安的脑海中，他一边思考着"绿色"与"经济"二者的关联，一边跟着小楠和温恒的步伐前行。正当华小安出神时，走在最前方的温恒好像发现了什么，指着不远处的一棵小树惊叫道："小安、小楠，你们快来看，这里的植物情况很不对劲！"

　　华小安和小楠顺着他指的方向看去，只见那边的所有小树都病恹恹的，不仅树干看起来粗糙不平，就连叶子也青一片黄一片，稀稀疏疏地长着，难以想象这样的植被会出现在以绿色发展为目标的"碳"秘计划实验室中。

　　"天哪，这里发生什么事了？这些小树是怎么了？"小楠难以置信地看向温恒。

温恒摘下一片树叶，拿在手里翻来覆去地摩挲、观察，又蹲下去翻了翻树根下的土，他抓起一把土闻了闻，若有所思地回复他们："这些小树很明显是生病了，你们看！"

温恒指着树根下微微开裂的土地说："这些土地明明是湿润的，却都有裂缝，而且土壤颜色微微泛红，如果你们仔细闻一下，还会发现这片土地散发着一股微微刺鼻的味道。"

听了温恒的话，华小安也抓起一点泥土放到鼻子下闻了闻，果然和温恒说的一样。

"这是为什么呀，绿宝，你能更直接地解释一下吗？"小楠不解道。

"这是典型的土壤酸化现象，当这种现象发生时，土壤中的营养就无法被转化，小树就不能健康地生长了。"绿宝看着一头雾水的小安和小楠解释道。

温恒点点头，摸了摸这些小树的树干，指着叶片向小楠和华小安说："这些小树是黄杨树，在生物固碳方面有着很显著的作用，保护这些小树苗对于我们实现绿色目标有着十分重要的助推作用，我们快去前面看看这里发生了什么吧！"

华小安和小楠一知半解的表情被绿宝尽收眼底，温恒话音刚落，绿宝便飞上前来补充："生物固碳就是通过植物的光合作用，将环境中的碳储存在植物体与土壤中，从而减缓全球变暖的进程。"

听了绿宝和温恒的话，华小安和小楠也加快了步伐朝前走去。不远的前方有一位看起来像树林管理员模样的老爷爷正在皱着眉头踱步。华小安快步走了过去，关切地问他是不是遇到什么困难了。

"唉，你们也看到这片树林半死不活的样子了，你们再往前走能看到一个工厂，就是这个工厂长期排放污水导致这片树林的生长环境越来越差！我们去和他们沟通多次无果。唉，可惜了我的这些苗苗啊！"老爷爷俯下身怜惜地摸了摸小树苗。

温恒看着老爷爷无奈的样子，赶忙上前安慰他："爷爷，你别担心，一定会有好的解决办法的，我们会尽自己最大的努力看看能做些什么！"

这时，周围的画面突然变暗，绿宝闪着小翅膀飞上前来，对着三人说道："新的任务即将开始，任务目标是找到污染源头并提出解决方案。"

作为植物爱好者的温恒眼神坚定地点点头："我们一定会完成这项任务的。"

"快走吧，前面那个有着高高的冷却塔和烟囱的工厂应该就是管理员爷爷口中的那个工厂。"华小安指着前面矗立的一座座巨大冷却塔和烟囱说道。

顺着他指的方向，温恒和小楠看到了那座工厂的外观——灰色的高大建筑外，长长的传送带正源源不断地将原料送进工厂内部，建筑上方好像蒙着一层灰雾，隔了一段距离也能听见工厂内机器发出的轰鸣声。

三人在工厂大门前站定，小楠皱着眉头、捂住耳朵，指着工厂旁边一排排正在排污水的排水管对二人说，这或许就是土壤污染的罪魁祸首。

三人快步走入工厂内部，环顾四周，工人们穿着整齐的工作服在流水线旁忙碌着。三人站在原地，一时不知道应该找谁来询问这座工厂的相关问题。这时，一位戴着安全帽，看起来像管理者的年轻人发现了他们三个，走了过来。

"小朋友们，你们来这里有什么事吗？还是要找什么人啊？"这位年轻人问道。

华小安表示他们想找这里的管理人员，有一些问题想问问。年轻人听了他们的来意，便摘下安全帽和手套带着他们走出了工厂，进入工厂旁边一幢办公楼模样的建筑。

上楼拐角处，年轻人带着三人来到他的办公室，笑着问他们想了解什么。

"哥哥好，我叫华小安，刚刚我们经过了工厂外的黄杨树林，那里的管理员爷爷说……"

"跟他们这么客气干什么！"还不等华小安说完，温恒激动地说道，"就是因为你们工厂无节制地排放，这些树苗都快死光了，管理员爷爷那么伤心，你们却无动于衷！"温恒激动地说道。"小楠，你应该把这些都拍下来，把他们的行为公之于众！"

"你们说的爷爷应该是长着白胡子的杨伯伯吧。他其实没有那么老，他是我的父亲，你们可以叫我小杨哥哥。"

"什么？那小杨哥哥怎么忍心看着父亲守护的小树林被如此破坏呢？"小楠听到后诧异地问道。

"每个人当然都希望看到一个良好的生态环境，虽然我们在这座工厂工作，但并不表明我们喜欢制造污染、破坏环境。你们有没有想过，这座工厂存在了这么多年，为这座小镇里上万人提供着工作岗位，让他们可以养家糊口，工厂生产出的产品输送到各个地方，有的甚至出口到国外，为当地的经济发展做出了巨大贡献。"

温恒听着小杨哥哥的话，为自己刚才的情绪激动感到不好意思。

"我们要求环境保护，但也不能完全不顾发展，而是要想办法在这之间找到平衡。"小杨继续说道。

"那小杨哥哥，现在有没有什么可以平衡的办法呢？我们真的很想帮助杨伯伯守护那片小树林。"华小安真诚地问道。

"其实，对于高污染的行业来说，最大可能避免污染的方式就是技术革新，如果有了既不影响生产又不造成严重污染的技术，工厂当然愿意改变现状。只是技术的研发需要成本，一旦失败，投入的资金将有去无回，谁都不敢轻易去尝试，毕竟公司不仅要支撑自身经营，背后还负担着千千万万个家庭。"

"小杨哥哥，为什么你们不发行绿色债券呢？我们遇到的上一家公司就是通过发行债券拿到技术研发资金的。"

"债券借的钱也需要还啊，如果技术研发失败，这些钱还不上了呢？还是存在很大的风险。"

"预估相应的风险，然后提前找到应对风险或减少损失的手段……说到这个方面，我想到之前安心姐姐和我提过的一款金融产品，但是……"华小安不确定地顿了顿，"但是我知道的这种金融产品和环境污染似乎没什么关系。"

听了华小安的描述，小楠问："小安你说的这种金融产品是不是购买保险？"

华小安点点头："没错，小楠，我说的就是通过购买保险的手段降低被保险人需要承担的风险或降低会受到的损失，但是这种情况，不知道能不能通过保险来解决可能存在的风险。"

"这次我们需要解决的，也是和环境资源保护相关的，既然我们遇到了绿色信贷和绿色债券，那是不是意味着，也会有绿色保险呢？"温恒思考道。

"那我们一起查找一下吧。绿宝，看你的了！"小楠提议。

"绿色保险，是指保险业在环境资源保护与社会治理、绿色产业运行和绿色生活消费等方面提供风险保障和资金支持等经济行为的统称。"绿宝晃着脑袋播报道。

"那绿宝可否帮忙查找，哪款绿色保险产品更适合小杨哥哥所在的工厂面临的情况呢？"

"以下是为你查找到的内容：国家核证自愿减排量项目开发保险。国家核证自愿减排量是指针对国内可再生能源、林业碳汇、甲烷利用等项目的温室气体减排效果进行量化、核证并登记的温室气体减排量。该保险主要用于项目开发失败导致的损失费用，通过该保险产品进行补偿。"绿宝播报着查询结果。

"也就是说只要通过国家的审核认证，认定企业符合自愿减排的范畴，就可以利用这款绿色保险产品，应对项目开发失败导致的损失风险。"小杨哥哥若有所思地总结道。

"原来合理地利用绿色金融产品，能为企业发展和环境保护起这么大的作用。"华小安感叹。

"但这还要经过一段很长的时间，如果在这段时间内杨伯伯的小树林又遭遇了突发的污染该怎么办？"温恒还是有些不放心，问道。

"从杨伯伯的角度来说，他持续投入资源修复树林，万一遭到更突然的污染，这也是一种风险。同样的思路，能不能为杨伯伯找到适合他的低风险保险产品呢？"

小杨哥哥十分欣赏地摸了摸华小安的头："你们真是让我刮目相看！其实，我们工厂的产品性质，会对环境造成一定的影响。因此，我们从一开始就购买了环境污染责任险，也就是环责险，这样就可以顺利应对你们提到的这些问题了。简单来说，环责险承担的是，由于环境污染造成第三者的人身伤亡和直接财产损失，以及为防止污染扩散和减少损害发生而产生的各项合理费用，由保险公司和污染企业共同负责赔偿。"

"原来是这样，小杨哥哥，对不起，我刚刚因为着急态度不好。"温恒真诚地道歉。

"没关系，守护环境是我们共同的责任，我们工厂一定会认真考虑你们的建议。"小杨哥哥笑着送走三人。

三人匆匆和小杨哥哥告别，一路狂奔回黄杨树林，气喘吁吁地告诉树林管理员杨伯伯他们了解到的内容。

话音刚落，"碳"秘计划系统传来三人任务完成的提醒，三个人都长舒了一口气，悬着的心总算放了下来。向杨伯伯告别后，他们又踏上了新的旅途。

"绿宝，关于绿色保险的知识，你在路上再讲一些给我们吧！"华小安轻松地说道。

"绿宝该下班啦，绿宝该下班啦！"绿宝扑扇着小翅膀飞在他们身边。

安心姐姐科普时间

你还了解哪些绿色保险呢？

碳排放责任保险：这种保险产品主要针对企业和组织，帮助其管理和降低碳排放风险。如果企业因碳排放问题面临法律诉讼或被要求支付罚款，碳排放责任保险可以提供赔付。

清洁能源保险：此类保险主要覆盖风电、光伏、水电和特高压等产业在建设和运营期所面临的风险。

生态系统服务保险：此类保险产品主要为保护自然生态系统相关风险提供赔付，如湿地、森林和珊瑚礁等。用于修复受到破坏的生态系统或补偿因生态系统服务中断而遭受的经济损失。

可持续农业保险：这种保险产品主要针对农业领域，帮助农民管理和降低农作物收成风险。它可以提供针对天气灾害、病虫害和市场价格波动等风险的保障。

绿色建筑保险：此类保险覆盖绿色建筑建设和运营期间所涉及的工程与财产安全、质量和性能达标等方面的风险，一般分为财产保险和责任保险两大类。

绿色保险产品的多样性有助于促进环境改善和可持续发展、积极应对气候变化。

5

减排的无形之手

碳市场与碳金融

走进绿色交易所

　　三人跟在绿宝后面走着，忽然觉得脚步越来越沉重，直到一道强烈的白光照向他们……华小安揉揉眼睛，睁开眼后，发现自己又坐在了实验室的椅子上。

　　"发生什么事了？我们不是在'碳'秘计划里面吗？"华小安直起身子，语气焦急地问道。

　　"是呀，我们还在做任务呢？怎么回事？"小楠也着急了起来。

　　"不要着急，你们作为'碳'秘计划中的新成员，单次停留的时间是有限的，应该是系统强制让你们退出休息。"安心姐姐安抚道。

　　"除了好好休息，这次卢教授还安排你们与一位专家见面，他的研究领域也与你们接下来的任务有关，这是一次很好的学习机会。"安心姐姐补充道。

"太好了，原来是这样。接连完成三项任务的确有些累了，我要好好饱餐一顿。"温恒摸着肚子说道。

在休息室小憩了一会儿后，华小安正想去找小楠与温恒商量一下后面的计划，却看到许多工作人员脚步匆匆地向会议室走去。华小安向一位工作人员问道："叔叔，是发生什么事了吗？"工作人员拍拍华小安的头："有一位从首都过来的专家来实验室交流，我们要去参加会议。"听到这儿，华小安的眼睛瞬间亮了起来，随着工作人员一道往会议室走去。

"华小安，这儿！"温恒和小楠冲华小安招手，示意华小安来坐身边的空位。华小安一路小跑，小声说："我正要去找你们呢，原来你们已经来了。""会议即将开始，请参会人员尽快就座。"三人听到广播提示后连忙坐正，卢教授与C博士大步流星地走了进来，身后还跟着一位身着正装的中年男子。

"先给大家介绍一下，这位是绿色交易所的主任景教授，也是绿色金融方面的专家，主要研究领域是碳交易与碳市场。今天景教授将就最近国际绿色金融实验室中'碳市场模拟器'的后续优化工作提出指导意见，并分享碳市场主题的最新研究。"会议室响起一阵热烈的掌声。

"绿色交易所？我只知道股票交易所。"华小安嘀咕道。

景教授连连摆手："我不过尽些微薄之力，此次来也是交流学习，还望诸位不吝赐教。在国际绿色金融实验室中由我们绿色交易所负责的'碳市场模拟器'板块最近需要更新相应的功能，希望能得到大家的支持。下面我将详细介绍'碳市场模拟器'板块更新的需求……"

"刚刚的会议太专业了，已经超出了我的理解范畴。"小楠轻轻捶了捶脑袋。

华小安见卢教授在向他们招手，忙拉着两位小伙伴过去。

"景教授，这就是我向你提过的三位中学生。"卢教授看着他们，自豪地介绍道。

"你们好呀，我已经听说了你们正在奋勇闯关，表现得很出色。"景教授向三位年轻人竖起了大拇指。

"谢谢景教授，我想向景教授请教一下，您在会议中提到的'碳市场模拟器'到底是什么呀？"华小安问道。

"那不如我们一起去看看吧。"说罢，一行人来到了国际绿色金融实验室的一个全新的空间。这个空间的中间悬浮着一个波光粼粼的"湖泊"。

"我怎么觉得，这个湖泊中的水光有些奇怪呢。"温恒喃喃道。

话音刚落，景教授按下启动按钮，原本平静的水面向不同的方向流淌，汇集成一个个独立的水面，最终形成了类似世界地图的形状，在每块"地图"上方出现了柱状的白色蒸气，板块上方的白色蒸气有些密集、有些稀疏。

"哇，好神奇啊，这就是'碳市场模拟器'吗？这些水面和蒸气是做什么用的呢？"

"对，这就是'碳市场模拟器'，我们采用最先进的技术，用水蒸气模拟不同国家或地区的二氧化碳排放量，蒸气液化成水后，就可以统计二氧化碳的累计排放量。"

"景教授，实验室不是可以通过计算机直接推演这些数据吗？为什么还要用水蒸气模拟呢？"小安不解地问道。

"你问到了关键。你们应该已经了解到我们实验室现阶段的主要目标是协助国家达成'双碳'目标，那你们知道其他国家有没有类似的目标吗？"

"我们刚进实验室的时候了解到几乎每个国家都会针对减少碳排放制定政策。"温恒回忆道。

"没错，这就不得不提到一个多数国家的共识——《联合国气候变化框架公约的京都议定书》了。我们一般简称其为《京都议定书》，它是1997年12月在《联合国气候变化框架公约》第3次缔约大会上制定的。2005年2月16日，《京都议定书》正式生效，它的目标是'将大气中的温室气体含量稳定在一个适当的水平，进而防止剧烈的气候改变对人类造成伤害'。其中规定发达国家从2005年开始承担减少碳排放量的义务，而发展中国家则从2012年开始承担减排义务。这是人类历史上首次以法规的形式限制温室气体排放。"

"也就是说，签署了《京都议定书》的成员都要遵守以法规的形式限制温室气体排放的规则是吗？"小楠仔细理解后问道。

"没错，虽然《京都议定书》还存在些许不足，比如有一些碳排放国并没有加入并遵守相关减排约定，但它依然是让限制温室气体排放成为国际共识的一个里程碑。那么问题又来了，不同国家想要达成约定的减排目标，就势必要对自己国家不同地区、不同行业的碳排放进行管控。这个时候，我们该怎么决定谁该排放多少量呢？"

"如果我们的目标是确定的，那就意味着我们有一个碳排放量上限的目标，我们需要号召大家共同达到这个目标……"小安思考着。

"对的，为了保证大家都能达到这个目标，我们会把这些碳排放份额'分发'给不同的地区，这些地区进一步分发给当地有碳排放需求的企业，这种分发下去的二氧化碳排放量也叫作碳排放配额。比如，A 国每年有 10 亿吨的碳排放配额，它可以把这些配额分给不同的地区——a 地区有 2 亿吨、b 地区有 1.5 亿吨、c 地区有 0.8 亿吨……这些地区再分给企业。这样就可以基本保证达成碳排放的目标了。"

"可是假如碳排放配额不够分怎么办？或者企业的排放超出碳排放配额怎么办？"

"这就要提到我们的碳市场了。在某种程度上配额的分配不能保证完全精确，有些企业配额不够用、有些企业配额用不完。不够用的企业为了避免超额排放带来的'处罚'，便愿意花一定的价钱'购买'其他企业多余的配额。同样的，富余配额的企业也愿意以一定的价格'出售'配额，当越来越多的买卖双方出现，便形成了碳交易市场。"

"原来这就是碳交易市场，在这个市场上，碳像黄金一样，是可以被买卖的，好神奇啊！"小楠感叹道。

"2005 年《京都议定书》正式生效后，全球碳交易市场出现了爆炸式的增长，碳交易成为世界上的最大宗交易商品。碳交易最初只是实现温室气体减排的一种途径，但自 2000 年以来，它的迅速发展已经使人们对它的潜力产生了新的认识。"景教授补充道。

"您刚才也说到碳交易如今十分热门，那它的价格是否也会像股票那样变动呢？"华小安提问道。

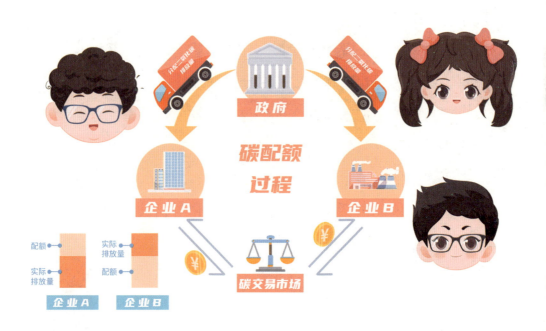

"那是自然，买卖双方的预期不同、需求不同，最终成交的价格就会不同，反映在碳市场上就是交易价格存在波动性。"

三人恍然大悟，又细细钻研起了模拟器界面的内容。

"我懂了！这个模拟器可以观察到配额的过程！"温恒兴奋地说道。

"没错，碳市场模拟器可以用液体来进行模拟配额，水蒸气代表排放的二氧化碳，如果配额超过需求，就能直观地从剩余的水量多少来观察剩余配额，如果配额不足，也会提示需要继续加入多少水。因此，碳市场模拟器其实是为了让大家更直观地理解碳市场而设计的，未来如果你们成了宣传大使，也希望你们能利用好实验室的科普装置。"景教授回应了大家一开始的疑问

"原来如此，既然是模拟器，是不是意味着，我们可以尝试进行配额呢？"华小安兴奋地问道。

"当然了，据我所知，你们这次考核的最后一个任务就与它相关。"

正在温恒邀请景教授与他们继续同行之时，景教授接到了绿色交易所的电话：部分地区碳价产生异常波动，需要景教授尽快返回协助研究。

大家与景教授依依不舍地告别后，便各自朝着不同的方向奋力前行，他们都清楚，大家心中怀着同样美好、纯粹的目标。

碳市场模拟交易终极挑战

　　三人再次进入"碳"秘计划实验室，并接到了本次考核的终极任务：依据给定情景，完成碳排放配额分配到碳市场交易的全过程，并总结出碳市场对控制碳排放的影响。

　　三人接到最终的考核任务不免还是有些紧张。"成败在此一举了。"华小安默念着。旁边的小楠也显得有些呼吸急促，"深呼吸、深呼吸，你一定可以。"小楠自言自语，安慰着自己。温恒倒是显得格外沉着淡定，他知道不论结果如何，这一路和小伙伴们相处的时光、习得的知识已经足够珍贵。

　　准备好后，三人开始研究最后一项任务。

　　"我们需要首先为情境中给定的这些试点地区确定碳排放份额。"华小安说道。

"可是这些地区的信息好像有些少，我们要不要找绿宝……咦？绿宝这次没有跟着我们一起来吗？"小楠环顾一圈，忽然意识到那个圆滚滚的小机器人竟然没有像往常那样围绕在他们身边。

"最后一关应该要靠我们自己了。看这里，每一个地区其实都有自己的生态环境局和碳排放权交易中心，这里写着'生态环境局为各自辖区内的碳排放权交易主管部门，负责顶层设计和监督管理。''碳排放权交易所为各辖区内的交易平台，负责有关交易环节的规则制定和执行，对交易参与方及相关行为进行监督管理。'想必我们前往每个区域的这两个部门做调研，就能掌握这个地区碳排放的大体情况了。"华小安沉着地分析道。

"有道理，这里有9个区域，咱们分头去调研，结束后再在这里汇合吧。"温恒附和道。

三人分头穿梭在不同模拟区域中，仔细询问着不同部门的工作人员这些区域的情况，仔细地做着记录……

三人完成了各自的任务后，在约定的地点碰头后退出了"碳"秘计划，前往国际绿色金融实验室的碳市场模拟器前验证他们规划的碳排放配额的准确度。依据不同地区的行业特点，他们整理了各个地区碳排放需要覆盖的行业类型，将地区特征数据输入碳市场模拟器。只见眼前的水面逐步汇集成了"碳"秘计划中给定区域的形状，三人马上将自己认为合适的配额分配给了不同的地区。

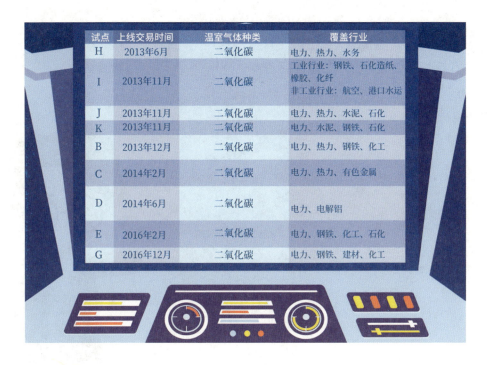

试点	上线交易时间	温室气体种类	覆盖行业
H	2013年6月	二氧化碳	电力、热力、水务
I	2013年11月	二氧化碳	工业行业：钢铁、石化造纸、橡胶、化纤 非工业行业：航空、港口水运
J	2013年11月	二氧化碳	电力、热力、水泥、石化
K	2013年11月	二氧化碳	电力、水泥、钢铁、石化
B	2013年12月	二氧化碳	电力、热力、钢铁、化工
C	2014年2月	二氧化碳	电力、热力、有色金属
D	2014年6月	二氧化碳	电力、电解铝
E	2016年2月	二氧化碳	电力、钢铁、化工、石化
G	2016年12月	二氧化碳	电力、钢铁、建材、化工

"噗噗噗……"模拟器开始运转。

"哇！小心！"一股水蒸气突然喷出，吓了三个人一跳。

"这个地区的水即将全部蒸发显示不足，而其他几个地区却都有富裕。"小楠观察道。

"那可能是我们漏掉了什么信息，需要进行配额调整。"华小安分析道。

"可是我们每一个信息都确保准确输入了呀，怎么会这样？"小楠不解地问道。

"模拟器显示这个地方的配额严重不足，表示它的实际排放需求大于我们输入的配额，这表明有一些原本存在的排放需求没有被我们记录或者监测到。我们一起返回这个区域再去看看吧。"华小安沉着地分析道。

　　三人共同来到了碳排放配额出现问题的 K 区，发现 C 博士已经在等待他们了。

　　"C 博士，您怎么也来'碳'秘计划实验室了？"华小安惊喜地问道。

　　"我可不想错过你们的精彩时刻。来，我带你们看看问题出在了哪里？" C 博士仿佛早已预料到三人可能出现的问题，"排放量数据的准确性是碳排放权交易体系赖以存在的根基，而碳排放的监测、报告、核查体系是确保排放数据准确性的基础。你们想想在做核查工作的时候，有没有遗漏什么呢？"

三人仔细回忆了 K 区不同产业的排放需求。

"K 区最大的区域特点在于它是几个试点区域中最大的交通运输中心，因此，这个行业的排放需要单独测算分配碳排放额度。我们遗漏了这个行业——民航！"华小安发现了问题所在，兴奋地说道。

"那我们现在重新核算一下配额。"小楠迫不及待地说。

数据再次被输入碳市场模拟器中，大家看着不同时点、地区的水蒸气徐徐冒出，配额不足的区域通过碳市场模拟交易，向其他区域购买配额，成功完成了排放计划。这时，一个个数字从水面浮现了出来：20.3、33.4、40.5、25.8……

"C 博士，这是什么啊？"温恒问道。

"这就是不同企业在买卖碳排放权时成交的碳价。碳价一定程度衡量了企业排放所要付出的社会成本与经济代价，能够主动引导企业衡量发展与排放之间的关系，促使企业主动降低能耗，进而引导化石能源向清洁可再生能源转换。可以说，全国碳排放权交易市场是实现碳达峰与碳中和目标的核心政策工具之一。"

"恭喜你们成功完成任务！"忽然，绿宝出现在大家面前，欣喜地播报着结果。

"好耶！"三人相互击掌，兴奋地拥抱在一起。

"我就知道你们一定行，走吧，实验室已经准备好迎接你们的加入了。"C 博士说道。

　　"恭喜你们顺利通过了考验，实验室决定正式授予你们'绿色金融宣传大使'的身份。从现在开始，你们每个人身上都肩负起一份责任与使命——将绿色金融的发展理念传播给身边更多的人。相信有了你们加入，我们离实现碳中和的目标又将前进一步。"卢教授为三人发放了勋章与聘书，C 博士将自己精心挑选的书籍递到他们手上，安心姐姐为他们每人准备了一束捧花，热情迎接实验室的新鲜血液。

中国的碳交易市场采用"先试点后推广、先区域后全国"的方式推进，已于 2010 年正式启动碳交易市场，并在北京、天津、上海等多地开展碳排放权交易试点工作。

（1）截至 2022 年，我国共有 9 个区域获得正式备案的试点碳市场。2011 年 10 月，国家发展改革委下发《关于开展碳排放权交易试点工作的通知》，批准在北京市、天津市、上海市、重庆市、湖北省、广东省及深圳市开展碳排放权交易试点。2013 年，七省市碳交易试点相继开市交易。2016 年，四川省、福建省建立碳交易所。

（2）2019—2020 年，各试点配额价格总体保持稳定。北京市约为 80 元 / 吨，上海市约为 40 元 / 吨，湖北省约为 20~30 元 / 吨，广东省价格约为 20~30 元 / 吨，天津市价格约为 25 元 / 吨，重庆市由 30 元 / 吨回落至 15 元 / 吨，深圳市 2020 年不同类型的配额价格差异较大。

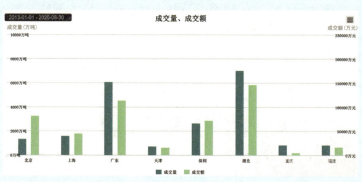

（3）**CCER市场**。根据《碳排放权交易管理办法（试行）》（生态环境部令第19号），中国核证自愿减排量（Chinese Certified Emission Reduction, CCER）是指对我国境内可再生能源、林业碳汇、甲烷利用等项目的温室气体减排效果进行量化核证，并在国家温室气体自愿减排交易注册登记系统中登记的温室气体减排量。

2012年6月，国家发展改革委颁布《温室气体自愿减排交易管理暂行办法》，对中国核证减排量（CCER）交易市场进行规范；同年10月颁布配套的《温室气体自愿减排项目审定与核证指南》。2013年七省市碳交易试点启动后，CCER开始成为各个试点碳市场主要的碳抵消交易产品。2015年自愿减排交易信息平台上线，CCER进入交易阶段。2017年，CCER项目备案暂停，存量CCER仍在各大试点交易。截至2021年4月，国家发展改革委公示的我国CCER市场容量：进行减排量备案的项目254个，审定项目累计2871个，备案项目861个。

尾声

在凉爽的晚风中，华小安三人一起躺在实验室外的草坪上。他们注视着眼前的星空，享受着考验结束后的惬意与自在。

"你们看，这星星点点的光亮，是不是很像我们之前见到过的区域云图，用来预警危机事件的发生，不过这里没有绿、黄、红的颜色……"华小安说着。

"你们在聊什么呢？这么热闹。"安心姐姐笑着走向三人，坐在了他们身旁。

"安心姐姐，我正在回忆我们这些天在国际绿色金融实验室的所见所闻，觉得这一切好不真实，像做了一场梦。"华小安说道。

　　"是啊，我也在得到卢教授同意后向我的粉丝朋友们分享了一些在这里的心得体会。第一次见到碳排放实时监测仪器绘制出恢宏的"江山图"时，我深深地被震撼了。后面听C博士讲什么是'碳达峰'与'碳中和'，也感受到了实现'双碳'目标的不易。"小楠总结道。

　　"对，我最震撼的是进入'碳'秘计划，在这里不仅可以实时监测碳排放项目与行为，还能够结合一些决策，对未来的环境状况与项目发展进行推演，这些推演预测又能够辅助工作人员做现实中的决策。"温恒补充道。

　　"我印象最深刻的就是那次危机，让我切身体会到企业履行社会责任的重要性，也深刻了解了ESG各个维度的含义，知道了评价一家企业的另一种方式——环境、社会以及公司治理。"华小安说道。

"相信通过这次危机事件的处理和'绿色金融宣传大使'的挑战，你们会认识到实现'双碳'目标任重道远，需要一代又一代人的努力。我们是实现'双碳'目标道路上的执行者，而未来你们也会逐渐成为实现'双碳'目标的掌舵人。这次给予你们的小挑战，帮助你们在新能源充电桩项目里认识了绿色信贷、在帮助现代化工厂进行技术开发中学习了绿色债券、在遇到杨伯伯的小树林后了解了绿色保险、通过实验室的碳市场模拟器了解了碳金融与碳市场……希望你们能够不断地学习、实践与提升，早日成为'掌舵人'。"安心姐姐说道。

离开实验室后，三人分别踏上了各自的旅程，并承担起了"绿色金融宣传大使"的职责。

时光飞逝，三人长大成人……

小楠成为"绿色金融科普达人"，她走访了数百家优秀绿色发展企业，把他们的故事与绿色发展的心路历程剪辑成一个个视频分享在网站上。

温恒则做起了青少年儿童的科普老师，他带着孩子们走进自然，讲解着环境保护对绿色发展的含义；他带着孩子们参访金融机构，科普绿色金融对绿色发展的助推作用……

"碳"秘绿色金融

此时的华小安刚刚完成绿色金融领域的博士学位的深造，他的学术论文发表在世界知名绿色金融期刊上，在求学期间获得了诸多奖项。

　　"各位面试官，早上好，我是华小安，毕业于XX大学。我想来应聘绿色金融产品研发岗，因为我曾深刻地体会到绿色金融对绿色发展的重要意义，我希望能将我的所学所思应用在绿色金融产品的研发与创新研究中。我仔细研读了贵公司的ESG报告，非常赞同贵公司的可持续发展理念，并且希望成为你们中的一员，继续为实现'双碳'目标尽一份力……"

1. 碳达峰是指某一个时间点，碳的排放量达到峰值，不再增长，并在此之后逐步回落。

A. 正确   B. 错误

2. 碳中和是指将人类活动排放的温室气体通过节能减排、植树造林等形式来减少和抵消掉，最终实现温室气体的净零排放，实现碳排放等于碳吸收量，达到平衡。

A. 正确   B. 错误

3. 在碳达峰阶段，大家主要关注的是甲烷等所有会对环境造成有害影响的温室气体；而在碳中和阶段，主要关注的则是二氧化碳气体。

A. 正确   B. 错误

4. 中国碳排放的主要来源不包含以下哪个板块？

A. 电力   B. 农业

C. 餐饮   D. 交通

5. 以下哪个行为会产生更多的人均碳排放？

A. 乘坐公共交通   B. 开油车出行

C. 走路或散步   D. 骑行共享单车

6. 世界环境日是?

A.5月15日　　　　　　　B.6月5日

C.9月22日　　　　　　　D.12月9日

7. （　）是世界上第一个为全面控制二氧化碳等温室气体排放达成的国际公约。

A.《联合国气候变化框架公约》　　B.《京都议定书》

C.《蒙特利尔议定书》　　　　　　D.《英国气候变化法案》

8. 绿色金融关注的ESG因素分别对应的是哪三个因素?

A. 信誉、社会和治理　　　B. 环境、社会和治理

C. 收益、信誉和环境　　　D. 社会、收益和环境

9.IPCC第五次评估报告：人类活动对气候系统的影响是明确的，而且这种影响在不断增强，在世界各个大洲都已观测到种种影响。如果任其发展，当全球平均气温上升幅度达到（　）将导致不可逆的全球气候灾难。

A.1℃　　　　　　　B.1.5℃

C.2℃　　　　　　　D.2.5℃

10. 我国力争在（　）之前实现碳达峰，在（　）之前实现碳中和。

A.2040年、2060年　　　B.2030年、2060年

C.2060年、2040年　　　D.2060年、2030年

11. 在碳达峰目标与碳中和愿景下，我国能源体系面临全面转型，风能、太阳能、水能等非化石能源占比将大幅提高，2030 年要达到（ ）左右。

A.5%   B.15%

C.20%   D.25%

12. 第一家生态银行是在哪个国家成立的呢？

A. 德国   B. 法国

C. 美国   D. 英国

13. 碳汇类型不包括？

A. 绿色碳汇   B. 白色碳汇

C. 红色碳汇   D. 蓝色碳汇

14. 碳源是从大气中吸收二氧化碳等温室气体的过程、活动或机制。碳汇是向大气中释放二氧化碳等温室气体的过程。

A. 正确   B. 错误

15. 以下哪一个选项不属于绿色信贷的三个特点？

A. 期限较短   B. 利率较低

C. 期限较长   D. 政策支持

16. 以下哪个选项属于绿色债券的发行特殊要求？

A. 公司规模大   B. 公司评级高

C. 公司效益好   D. 资金用于绿色领域

17. 一笔债券从无到有需要经历的流程为?

A. 申请发行—公司做出决议或决定—企业公告募集办法—相关部门审核批准—承销商销售债券

B. 公司做出决议或决定—申请发行—企业公告募集办法—相关部门审核批准—承销商销售债券

C. 申请发行—公司做出决议或决定—相关部门审核批准—企业公告募集办法—承销商销售债券

D. 公司做出决议或决定–申请发行—相关部门审核批准—企业公告募集办法—承销商销售债券

18. 以下哪些企业行为不符合绿色发展理念?

A. 主动披露 ESG 报告

B. 将绿色债券募集资金用于未获批非绿产业

C. 对清洁能源技术研发项目展开投资

D. 投入资金用于落后地区公益项目

19.CCER 指的是什么?

A. 中国核证自愿减排量   B. 国际核证自愿减排量

C. 中国核证减排组织   D. 国际核证强制减排量

20. 以下哪个选项不属于绿色发展领域国际协议?

A.《京都议定书》   B.《巴塞尔协议》

C.《联合国气候变化推架公约》   D.《巴黎协定》

答案:

1.A

2.A

3.B. 解析: 在碳达峰阶段, 大家主要关注的是二氧化碳气体; 而在碳中和阶段, 关注的则是甲烷等所有会对环境造成有害影响的温室气体。

4.C. 解析: 中国温室气体排放主要来自电力、工业、交通、建筑、农业五大板块。

5.B

6.B

7.A

8.B. 解析: 绿色金融关注环境(Environmental)社会(Social)和治理(Governance)(ESG)因素。

9.C

10.B

11.D. 解析: 2020年12月, 习近平总书记进一步在气候雄心峰会上宣布: "到2030年, 中国单位国内生产总值二氧化碳排放将比2005年下降65%以上, 非化石能源占一次性能源消费比重将达到25%左右, 森林蓄积量将比2005年增加60亿立方米, 风电、太阳能发电总装机容量将达到12亿千瓦以上。

12.A

13.C. 解析：绿色碳汇，指绿色植物从大气中吸收二氧化碳的过程、活动和机制，如森林碳汇、草地碳汇、农作物碳汇等；白色碳汇，指陆地生态系统中形成的碳酸钙$CaCO_3$，如喀斯特地貌、珊瑚礁、近海养殖形成的贝壳、鲍鱼壳等；蓝色碳汇，指海洋及其生物吸收固定二氧化碳的过程、活动或机制，如海草床、红树林、海藻、珊瑚、潮间带植物固碳等。

14.B. 解析：碳汇是从大气中吸收二氧化碳等温室气体的过程、活动或机制。碳源是向大气中释放二氧化碳等温室气体的过程。

15.A. 解析：目前市面上已发行的绿色债券大多为中长期融资债券，主要由于某些绿色产业项目投资需要较长时间才能形成回报。

16.D

17.D

18.B

19.A

20.B

真是一次难忘的冒险！

"碳"秘计划告一段落，还想了解更多绿色金融的知识，请关注"华安证券投教基地"。